십자군, 성전과 약탈의 역사

차례
Contents

머리말

　지중해세계에서 일어난 역사적 사건들 중에서 11세기 말부
터 13세기 후엽까지 200여 년에 걸친 십자군운동만큼 세계사
적인 사건도 드물 것이다. 그것은 바로 지중해세계의 이질적
양대 세력이 본격적으로 충돌한 사건이었다. 이슬람교가 창시
된 7세기 중엽 이후 무슬림들이 지중해세계에 진출하는 과정
에 북아프리카·지중해의 여러 섬들·이베리아반도·남부 프랑
스 등지에서 기독교 측과 빈번하게 충돌했지만, 십자군전쟁은
그런 국지적·제한적 충돌이 아니라 전면적 전쟁이었고 일종
의 지중해대전이었다.

　사실 고대 이래 동·서양 세계의 문화는 지중해를 매개로
활발히 교류해왔고 특히 알렉산드로스대왕이 문을 연 헬레니

즘세계에서는 동·서양의 문화가 매우 활발하게 교류되었지만, 그것은 기독교와 이슬람교가 유럽과 중동의 보편적 종교로 발전하기 이전의 일이었다. 기독교 유럽과 이슬람교 중동지역의 본격적 대결인 십자군전쟁은 그러므로 그 이후의 지중해세계 역사의 방향을 설정한 사건이라고 말해도 과언이 아닐 것이다.

한편 문화적 측면에서 볼 경우 십자군전쟁은 동·서 세계의 문화를 새롭게 교류·융합시키고 특히 비잔틴문화와 아랍-이슬람문화를 유럽에 전래시키는 등 인류문화의 발전에 크게 기여한 사건이었다. 하지만 정치적 측면에 초점을 맞출 경우 십자군전쟁은 지중해세계로 하여금 11세기부터 금일에 이르기까지 기독교와 이슬람교 문명권 사이의 미결의 대립과 투쟁의 무대가 되게 했다.

본서는 십자군전쟁의 원인을 비롯해 전개되는 과정, 그리고 역사적 영향 등을 간략하되 체계적으로 살펴봄으로써 십자군전쟁의 실상은 물론 그것이 역사에 끼친 영향, 특히 서유럽 기독교세력과 아랍 이슬람세력 간의 역사적 대립에 끼친 영향을 파악하고자 한다.

십자군 전쟁의 원인
– 신의 계시 혹은 교황의 현실적 야망

십자군운동의 시대적 배경

"(1064년) 가을에 마인쯔의 대주교 지그프리트, 밤베르크의 주교 군터, 레겐스베르크의 오토와 유트레히트의 빌헬름 등 독일의 중요 인사들이 예루살렘을 향해 출발했다." 교황 그레고리우스 7세에게 사면을 구하기 위해 황후를 동반하고 알프스의 눈 덮인 카놋사성에 도착한 독일 황제 하인리히 4세는 참회자답게 3일 동안 나무 옷에 벗은 발로 안뜰에 서서 용서를 빌었다. 교황은 하인리히의 대부(代父)였던 클뤼니 수도원장 유그의 권고와 하인리히의 복종서약을 받아들여 사면령을 내렸다(카놋사성의 굴욕, 1077. 1).

중세 유럽의 정치적 안정, 경제적 성장

사가들은 십자군운동의 근본 원인을 서양 기독교세계의 경제적 성장과 정치적 안정에서 찾지만, 서양사회는 10세기 말 내지 11세기 초에 이르러 그 나름의 안정 속에서 상당한 성장을 이룩했다. 정치적 안정 및 농업 생산력의 증대는 당연하지만 인구도 현저히 증가했다. 말하자면 7세기 이후 점차 지중해를 아랍인들에게 넘겨주었을 뿐 아니라 북쪽의 노르만(바이킹)족과 동쪽의 마기르족(Magyars) 등 광포한 외적들의 침략으로 매우 위축되어 있던 유럽세계도 세월과 함께 점차 안정을 되찾고 경제적으로도 어느 정도 성장했다는 것이다.

서양 중세의 초기는 흔히 '로마적 노쇠(老衰)와 게르만적 유치(幼稚)의 결합기'로 묘사되지만 노쇠와 유치가 결합해 만들어낼 수 있는 것이라곤 침체와 무기력뿐일 것이다. 사실 게르만족의 침략적 이동과 건국, 로마문화의 파괴, 아랍인·노르만족·마기르족의 침략 등을 염두에 둘 때 유럽의 중세 초기는 창조와 발전보다는 파괴와 퇴보의 시대로 규정해도 크게 틀리지 않는다. 한때는 서양의 중세 전체를 암흑시대로 잘못 묘사했지만, 적어도 중세 초기는 암흑시대였다고 해도 좋을 것이다.

하지만 11세기 중엽을 지나면서 서유럽 국가들은(나라마다 사정은 달랐으나) 정치적으로 비교적 안정되고 경제적으로도 제한적이나마 성장했다. 점차 확산되어간 봉건제도는 왕권을 약화시킨 반면 봉건귀족의 정치적, 경제적, 군사적 힘을 과도하게 신장시켜 지방분권적 현상을 심화시켰지만, 적어도 군주

체제는 유지시켜 줌으로써 유럽이 총체적 분열 혹은 혼란상태에 빠지는 것을 막아주었다.[1] 군주와 봉건세력들에 의해 초보적이나마 법률이 지켜지고 질서가 유지되었다. 봉건사회의 경제 또한 정치와 사회의 안정에 힘입어 곡물생산을 서서히 늘려갔고 일부 잉여 농산물과 수공업품 중심으로 교환이 이루어지는 등 상당한 수준의 성장을 이룩해 가고 있었다.

특히 독일, 영국, 프랑스 등은 11세기 전후에 중앙정부의 통제력이 다소나마 증대되는 가운데 제한적이나마 국력을 신장시킬 수 있었다. 오토대제(재위 936~973)[2] 이래 국력을 신장시켜온 독일은 잘리에르조(朝)(1024~1125)에 이르러 제권을 다지고 남부와 북동부로 영역을 확대하는 데 성공했다. 영국 또한 1066년의 '노르만정복'(Norman Conquest) 이후 중앙집권적 체제가 강화된 가운데 내적 통일을 다지고 도버해협 및 스코틀랜드와 웨일즈 쪽의 국경방어를 강화했다.

카페조(987~1328)의 프랑스는 대영주국들인 플랑드르·노르망디·브레타뉴·앙쥬·아키테느·상파뉴·부르고뉴 등이 독립국가나 다름없는 지위를 누리는 등 분열되어 있었으나 고전적 단계에 도달한 봉건제도에 의해 정치적 혼란을 어느 정도 막을 수 있었다. 국왕은 직할영지인 파리와 그 주변지역을 다스릴 뿐이었지만 국가의 수장으로서의 권위는 인정받았다.

뿐만 아니라 십자군운동 전후에 유럽은 무슬림과의 대결에서 의미 있는 성공을 거두며 세력을 확대했다. 11세기 초에는 바이킹족과 마기르족이 기독교로 개종했고, 스페인에서의 재정복운동도 상당한 성과를 거두었다. 기독교 측은 1085년에 톨레도를 수복한 데 이어 무어족 무슬림들의 완강한 저항에도 불구하고 영역을 넓혀갔다. 제노바와 피사 등은 남프랑스에서 무슬림들을 퇴치했으며 무슬림으로부터 코르시카를 빼앗았다.

그리하여 11세기에 들어와 서지중해를 지배하게 된 제노바와 피사 등 이탈리아의 코뮌들이 1087년에는 튀니스의 아랍인 근거지 마흐디아를 빼앗았고, 1091년에는 시칠리아에서 무슬림들을 완전히 몰아냈다. 베네치아 또한 아드리아해를 완전히 장악한 데 이어 에게해와 흑해 등지로 진출하면서 비잔틴 제국과의 교역을 확대했다. 그처럼 서서히 활기를 되찾은 유럽 기독교세계는 이슬람교도들을 응징해 기독교의 성지를 탈환하고 지중해를 되찾을 수 있는 힘을 가진 것으로 자부했던 것이다.

교세의 신장과 교권의 승리

십자군전쟁은 교황의 주도하에 서유럽 기독교세력이 소아시아, 팔레스타인, 이집트 등 이슬람세계를 공격한 종교전쟁이므로 당연히 왕성한 교세와 강력한 교권을 전제로 했다. 말하자면 십자군전쟁을 위해서는 전쟁을 수행하는 데 필요한 정치적, 사회적 안정과 경제적 힘도 요구되었지만 '십자군' 전쟁을 발의하고 추진하는 데 요청되는 광범위한 '종교적' 열정과 강력한 '종교적' 지도력을 필요로 했다는 것이다.

교세의 신장: 기독교는 이미 로마제국 후기에 국교로 발전했으며 서기 400년대에 이르러 신도의 수가 3천만여 명에 달하고 제국의 서부지방에서도 보편적 종교로 성장했다. 로마제국을 무너뜨리고 유럽세계의 새로운 주인으로 등장한 게르만족 또한 빠르고 늦고의 차이가 있었을 뿐 기독교로 개종했다. 클로비스의 프랑크족이 기독교로 개종한 이래 동고트족, 서고트족, 부르군드족, 앵글로-색슨족 등이 차례로 기독교에 귀의했다.

프랑크족의 경우 뚜르의 주교 그레고리우스에 따르면 클로비스는 3천 명의 신하와 더불어 랭스의 주교 성레미로부터 세례를 받았다고 한다(496 혹은 506). 후일 롬바르디아족의 왕비 테오델린다가 롬바르디아족의 개종을 위해 노력했듯이 클로비스의 왕비 클로틸다 또한 프랑크족의 개종에 이바지했다. 당시 색슨족과 힘겨운 싸움을 하고 있던 클로비스는 독실한 기독교도였던 왕비가 기독교에의 귀의를 권하자 그녀의 신이 승리하게 해 줄 경우 귀의하겠다고 했고, 전쟁에 이긴 후 거족적으로 개종했다고 한다.

주교가 교황으로 발전하는 등 로마교회가 크게 성장하면서 기독교의 교세는 급속하게 성장했다. 실베스트스 1세(314~335)이래 역대 교황들은 교리를 통일하고 교회를 조직하는 등 교세를 확대하는 데 진력했다. 교황 그레고리우스 1세는 교황청을 압박하던 광포한 롬바르디아족을 기독교로 개종시켰을 뿐만 아니라 앵글로-색슨족에게도 여호와의 복음을 전했다.

프랑크왕국은 '황제를 수장으로 하는 기독교왕국'으로 묘사되기도 하지만, 기독교를 널리 전파하는 데 크게 기여했다. 난쟁이 왕 피핀은 롬바르디아족을 퇴치한 후 그들로부터 빼앗은 땅을 교황청에 기진(寄進)했으며, 그의 아들 카롤루스대제는 엘베강 동쪽 등 넓은 정복지에 기독교를 전파했다. '주교 중의 주교'로 칭해지기도 하는 카롤루스는 교회회의와 주교들로부터 자문을 구했고 기독교의 전도사업을 지원했으며, 교회와 수도원을 통한 승직자 교육도 지원했다. 그는 교회를 많이 세웠는데, 근대의 독일이 황제대관식장으로 이용한 팔라틴 대성당도 그중 하나이다. 기독교와 교황청에 이바지한 지대한 공헌은 그로 하여금 800년 크리스마스에 '서로마황제'로 추대받게 했다.

카롤루스대제의 할아버지인 카롤루스 마르텔 때 활약한 성자였던 보니퍼키우스(672/3~754)도 프랑스와 독일에 기독교를 전파하는 데 크게 기여했다. 그는 마르텔의 보호를 받으면서 프랑스에서 기독교를 널리 전파했을 뿐만 아니라 프레이징, 바바리아, 에르푸르트, 마인쯔 등지에도 기독교를 전파했다. 만년에 마인쯔에 정착한 그는 마인쯔를 라인강 지역의 기독교 중심지로 성장시켰다. 이후 전도의 속도가 더욱 빨라진 가운데 기독교는 10세기에 들어와서 폴란드, 헝가리, 스칸디나비아 등에도 전파되었다.

십자군운동 전후의 유럽은 가위 기독교세계였다. 사실 중세 유럽이 기독교적 통일사회였다는 것을 부정하는 사가는 거의 없다. 로마, 런던, 파리, 쾰른, 이스탄불 등 유럽의 모든 도시에 우뚝우뚝 솟아 있는 거대한 교회들은 물론 베네딕투스계와 아우구스티누스계 수도원, 그리고 13세기에 등장했지만 프란체스코-도미니쿠스계 수도원들이 유럽 도처에 존재했다는 사실 또한 중세 유럽이 의심할 여지없는 기독교사회였음을 말해준다. 부르크할트에 따르면 중세 사람들은 신앙 및 신앙에서 비롯한 환상과 유치한 선입견이란 베일을 통해서만 세상을 보았고, 마르틴에 의하면 가톨릭교회가 중세사회의 가치와 질서를 지배했다.3)

'왕 중의 왕' 교황: 기독교의 교세가 확대되면서 당연하지만 교황청의 영향력도 커져갔다. 사실 종교적으로는 물론 정치적으로도 교황청과 교황을 제외한 중세 서양을 생각할 수 없을 것이다. '유럽을 지배한 기독교, 기독교를 지배한 교황'이라고 해도 좋을 만큼 한때 교황은 군주들 위에 군림했다.

최초의 교황으로 일컬어지는 실베스터 1세 때부터 우월권을 주장해온 로마 주교는 레오 1세(440~461)를 지나 그레고리우스 1세(590~604)에 이르러 기독교세계의 수장적 지위를 확고히 했다. 그레고리우스 1세는 전술했듯이 이탈리아 북부의 광포한 롬바르디아(랑고바르드)족을 개종시켰을 뿐만 아니라 스페인과 잉글랜드를 기독교의 땅으로 만들었고 기독교세계를 정화하는 등 교황청의 토대를 놓았다. 그레고리우스 7세(1073~1080)를 거치면서 교황청의 권위는 더욱 높아졌다.

추기경 등 교황청의 고위 성직자로 활동하던 시절부터 교회의 개혁과 정화를 위해 정열적으로 일해 온 그레고리우스 7세는 성직자 독신제를 확립하고 성직매매를 금지시켜 성직자 사회를 크게 정화했다. 그는 특히 군주가 고위 성직자를 임명하는 관행을 폐지해 교회법에 따라 성당참사회가 고위 성직자를 선출하게 하려 했고, 그것은 독일황제 하인리히 4세에게 카놋사성(城)의 굴욕을 안겨준 서임권(敍任權) 투쟁을 낳았다. 수년 후 독일의 영주들을 자신의 편으로 회유하고 반란을 진압한 하인리히 4세는 클레멘트 3세(1080~1100)를 대립 교황으로 임명한 후 이탈리아 원정에 나섰고, 그레고리우스 7세는 교황청을 탈출해 황제의 포로가 되는 것은 면했지만 몸을 의탁한 남부 이탈리아의 노르만족에 굴욕을 당하다 몇 달 뒤에 타계했다.

　그레고리우스 7세의 서임권 투쟁은 그처럼 절반의 성공밖에 거두지 못했지만 교황권 신장에 적지 않게 기여했다. 십자군전쟁 중의 일이었지만 서임권 문제는 교황 칼릭스투스 2세와 황제 하인리히 5세에 의해 1122년에 불완전하게나마 해결되었다. 양인은 보름스협약을 맺어, 황제는 주교 임면권을 포기한 반면 교황은 황제의 주교에 대한 권리를 부분적으로 인정했던 것이다. 이후 교황권은 십자군운동을 거치면서 더욱 성장했고, 제4회 십자군을 일으킨 인노켄티우스 3세(1198~1216)에 이르러 드디어 교황이 유럽의 '군주들의 군주' 같은 지위를 자랑하게 되었다. 그는 독일의 황제 선출에 간여했는가 하면 프랑스의 필리프 2세와 영국 국왕 존을 굴복시켰다.

교권(敎權)과 속권(俗權)의 보편적 제휴 또한 교권이 승리하게 하는 데 기여했다. 중세 유럽의 한 특징은 게르만국가와 기독교의 제휴라고 해도 좋을 것이다. 중세를 '로마적 요소와 게르만족 요소의 결합'으로 묘사하기도 하지만, 중세사회는 기독교 성직자와 게르만족 전사(戰士)들이 협력하여 만들어 낸 사회였다. 중세의 지배계급은 고위 성직자와 귀족이었다. 랭스의 주교 아달베르는 1000년경에 중세 사람들을 성직자(Orantes), 전사(Militantes), 노동자(Laborantes)로 구분했다. 우리는 1789년의 프랑스 대혁명 때까지도 고위 성직자와 게르만족 전사 출신의 귀족이 제1, 2신분이었던 사실을 기억한다.

사실 중세의 '교회-국가' 관계는 로마제국시대의 그것과 사뭇 달랐다. 로마제국하에서는 교회가 제국 안에 있었지만 중세에는 오히려 교회 안에 국가가 존재했다. 로마제국의 교회는 독립적 존재이기보다 황제에 의존하는 존재였고, 주교는 황제를 비판할 수 있었지만 제국적 질서를 부정할 수는 없었다. 로마의 질서는 교회의 그것보다 오래된 것이었다. 하지만 게르만족 군주들은 교회로부터 통치에 필요한 권위를 부여받아야 했다. 국왕은 교회를 외적으로 보호하되 성직자의 축복을 통해서만 통치자로서의 권위를 인정받을 수 있었다. 단적으로 말해 중세 유럽의 국가들은 보편적 권위를 자랑한 교회 안에 있었다.[4]

프랑크왕국의 피핀과 카롤루스의 교황청과의 협력관계는

프랑크왕국의 이념적 정통성 확립에도 기여했지만 교황의 지위를 강화하는 데 중요한 역할을 했다. 교권국가 프랑크왕국은 위에서 지적했듯이 기독교와의 협력 내지 제휴관계를 기본적 토대로 삼은 국가였다. 클로비스가 신하들과 더불어 기독교로 개종한 이래 870년에 해체될 때까지 프랑크왕국은 교권국가로 존재했다. 카롤루스 마르텔이 자신을 지지한 귀족들에게 주기 위해 한때 교회령을 빼앗아 교회와의 관계가 소원해지기도 했지만 그의 아들 피핀 이후 양자는 오히려 더욱 긴밀한 협력관계를 구축했다. 교황 레오 3세가 800년에 카롤루스를 서로마제국 황제로 추대하고 대관식을 거행한 사건도 양측의 협력관계를 상징적으로 시사해준다.

카롤루스대제의 전기를 쓴 아인하르트에 따르면 카롤루스는 교황이 황제관을 씌워주는 것을 썩 내켜하지 않았다. 하지만 대관식 이후 카롤루스는 로마황제의 권위에 의지하여 속권, 곧 제권이 교권 위에 있는 것으로 자부했다. 로마제국은 교회와의 관계에서 황제가 우위에 있는 체제였고 따라서 황제는 이론상 교황의 세속사 간여를 견제할 수 있었기 때문이다.

물론 교황의 생각은 달랐다. 교황은 그 대관식이 교황의 세속사에 대한 발언권 행사를 정당화해준다고 인식했다. 환언하면 교황은 위의 대관식을 속권에 대한 교권의 우위를 확인한 일로 여겼다는 것이다. 사가들은 '콘스탄티누스대제 기진장(寄進狀)'5)과 함께 800년의 대관식이 교권과 속권의 관계에서 교권의 위상을 고양하는 데 중요한 역할을 한 것으로 평가한다.

사실 역대 교황들은 콘스탄티누스대제 기진장과 카롤루스대제의 대관식을 교권의 우월성을 정당화해주는 자료로 이용했다.

그레고리우스 7세의 십자군 계획

당연하지만 역대 교황들은 대개 무슬림과의 전쟁에 적극적이었다. 실베스터 2세(999~1003)는 랭스의 대주교 시절에 발행한 회장(回章)에서 예루살렘 교회를 구하기 위한 군사원조를 권고했다. 하지만 그는 재정적 지원을 기도했을 뿐 무장개입을 고려하는 단계에는 이르지는 못했다. 십자군에 대한 구상을 보다 명확하게 제시한 교황은 그레고리우스 7세였다. 즉위 이듬해인 1074년에 비잔틴제국 황제 미카엘 7세(1068~1078)로부터 원조요청을 받은 후 교황이 작성한 서한과 회장은 그의 계획을 알게 해준다.

그레고리우스 7세는 부르군드의 윌리엄백(伯)에게 "로마교회의 자유를 방어할 군사적 힘과 필요하다면 성베드로를 돕기 위해 군대를 이리로 보내주려는 그대의 사려와 열망을 요망합니다"라는 편지를 썼다(1074. 2). 교황은 같은 해 3월의 한 연설에서도 이교도로부터 콘스탄티노플의 그리스도제국을 구원할 것을 호소했다. 동년 12월에 독일황제 하인리히 4세에게 보낸 서한에서도 교황은 비잔틴제국의 기독교도들이 이교도들에 의해 전에 없이 매일 죽어가고 있음을 상기시키면서 기독교도와 성지를 구하기 위해 교황청이 적극적으로 행동할 용의가 있음을 밝혔다.[6]

물론 그레고리우스 7세의 구상도 본격적 십자군의 수준에는 미치지 못했다. 하지만 동방의 기독교를 구원하려 했고 봉건기사를 기독교의 전사로 삼으려 한 것에서 볼 때 그의 구상에 십자군 이념이 작용했던 것으로 보아도 좋을 것이다. 이슬람 측이 소아시아, 시칠리아, 이베리아반도 등 지중해세계를 장악하고 기독교세계를 압박하는 상황에서 그레고리우스 7세는 성지탈환을 위한 성전이야말로 기독교계의 숙원인 동·서교회 재통합을 구현할 수 있는 전기가 될 것으로 생각했다. 하지만 그의 구상은 실현되지 못했다. 그것의 가장 큰 원인은 전술한 1076년 이래의 서임권투쟁 때문이었다. 서임권투쟁은 그로 하여금 하인리히 4세와 운명을 건 싸움에 몰두하게 했다.

십자군운동의 직접적 원인

우르바누스 2세의 야망

교황 우르바누스 2세(1088~1099)가 십자군운동을 발의한 데에는 그의 야망도 한 몫을 했다. 그레고리우스 7세의 이상을 계승했다고 자부한 우르바누스는 십자군운동을 통해 기독교세계에 대한 자신의 권위를 높이고 특히 교황청의 과세권을 기독교세계 전체로 확대할 수 있을 것으로 생각했다. 뿐만 아니라 교황은 그것을 로마교회와 결별한 그리스정교회를 로마가톨릭교회 아래로 통합하는 기회로 삼으려 했다.

특히 기독교세계의 통일이라는 원대한 꿈은 교황의 십자군 운동 발의에 중요한 역할을 했다. 주지하듯이 로마제국의 동·서 로마제국으로의 분열(395), 서로마제국의 멸망(476), 동로마(비잔틴)제국의 로마 계승권 주장 등과 함께 로마교회와 비잔티움(콘스탄티노플)교회 사이의 기독교세계 주도권 다툼이 격렬해지고 거기에 필리오케논쟁과 성상(聖像)파괴문제 등 신학상의 문제까지 겹쳐 로마교회와 비잔티움교회는 1054년에 서로 상대 교회를 파문하고 갈라섰다. 그레고리우스 7세도 기독교세계의 재통합을 위해 노력했지만 우르바누스 또한 동·서 교회를 다시 통합하여 교황을 수장으로 하는 하나의 기독교세계를 만들려 했다.

셀주크 투르크족의 강성과 성지순례

우르바누스 2세에게 십자군운동을 발의할 빌미를 준 것은 이슬람제국이 쇠약해진 후 중동과 소(小)아시아의 주인이 된 셀주크 투르크족이었다. 말하자면 페르시아를 장악한 후 소아시아와 팔레스타인으로 진출한 셀주크 투르크족[7]의 기독교세계에 대한 도전이 교황에게 기회를 주었다는 것이다.

1050년경에 페르시아를 중심으로 나라를 세운 셀주크 투르크족의 투그룰[8] 슐레이만샤는 아바스조 칼리파의 요청으로 바그다드에 입성했고(1055), 그로부터 수니파 무슬림의 지도자가 되었다. 그들은 1050년대에 아르메니아와 아나톨리아로 진출하고, 다시 에게해까지 나아갔다. 1071년 말에는 알프 아르슬란 휘하의 셀주크 투르크군이 로마노스 4세(1067~1071)의 비잔틴군을 라즈기르트에서 패퇴시켰고, 이어 소아시아의 대부분을 점령했다.

비잔틴제국의 용병대는 아르메니아의 라즈기르트에서 셀주크 투르크에 대패했고, 황제 로마노스 4세도 포로가 되었다. 제국의 용병대는 수적 우세에도 불구하고 훈련되지 않은 이질적 집단이었기 때문에 패했다. 포로가 된 로마노스 황제는 셀주크 측이 강요한 굴욕적 조약에 서명한 후 풀려났다. 조약은 황제의 몸값을 지불하는 것 외에도 제국이 투르크족 포로를 풀어주고 해마다 셀주크 측에 조공을 바치는 것 등을 그 내용으로 했다. 황제는 몸값을 지불하고 풀려났지만 정적들이 장악한 콘스탄티노플에 도착하기도 전에 불에 달구어진 쇠젓가락에 두 눈을 빼앗긴 후 불귀의 객이 되었다.

셀주크 투르크족은 라즈기르트전투가 있던 해인 1071년에 예루살렘을 정복하여 그들의 영토에 병합시켰다. 이후 성지순례를 포함하여 유럽인들의 중동지방 여행은 큰 난관에 부딪쳤다. 투르크인들은 성지순례자들에게 신체적 해를 가하는가 하면 과도한 통행세를 요구하기도 했다. 동방무역도 심한 타격을 받았고, 그로 인해 향료 같은 동방 물산의 유럽에의 유입도 크게 줄어들었다.

기독교도의 성지순례: 콘스탄티누스대제의 모후 헤레나가 최초의 순례자로 일컬어지지만 로마가 기독교세계로 변한 이후 성

지순례의 전통이 형성되어 왔고, 예루살렘이 이슬람세력에 정복된 이후에도 성지순례 열정은 식지 않았다. 특히 순례가 죄를 사면받는 한 방법으로 여겨지면서 성지순례는 하나의 관례로 굳어져 갔다.

아랍-이슬람 측도 유럽인의 성지순례가 경제적으로 이익을 줄 뿐만 아니라 유럽문물을 입수할 수 있는 기회였으므로 대체로 방해하지 않았다. 그리하여 8세기를 지나면서 서구 각지에서는 순례자의 수가 점차 증대했고, 예루살렘과 베들레헴은 로마시와 더불어 기독교도들이 즐겨 찾는 순례지가 되었다.

하지만 셀주크 투르크족이 중동의 새 주인으로 등장한 11세기 말부터 성지순례는 점차 어려워져갔다. 그들은 순례자들의 재화를 약탈했을 뿐만 아니라 때로는 살해하기도 했다. 특히 소아시아를 경유하는 육로여행은 우발적 사건이 일어나는 등 상당히 위험했다. 이집트의 파티마조 칼리파 알 하킴(985~1021)도 서구의 순례자들을 박해해 악명을 떨쳤다. 그는 기독교도들을 박해하고 예루살렘의 성묘교회 등 교회를 파괴했을 뿐만 아니라 성지순례를 방해했다.

그렇지만 그런 박해도 기독교도들의 성지순례를 완전히 막지는 못했다. 셀주크 투르크족이 중동지역의 주인이 된 이후에도 순례자의 수는 크게 줄지 않았다. 위에서 이야기했지만 대주교 지그프리트와 주교 군터, 그리고 다수의 평신도 등 7,000명 이상의 순례자들이 1064~1065년에 예루살렘을 찾은 것으로 전해진다. 놀라운 일은 아니지만 그들은

가진 것을 모두 빼앗긴 후에도 갖은 고통을 받았다.[9]

물론 순례자들은 11세기 전까지는 대개 비무장이었다. 그러나 11세기의 어느 시점부터 그들은 비무장순례자에서 무장순례자로 바뀌었다. 순례자들로서는 최소한의 자위수단을 강구해야 했던 것이다. 그리고 무장한 기사가 순례단에 동행하는 사례가 늘어났다.[10]

비잔틴제국의 원조 요청

그레고리우스 7세로 하여금 기독교세계 십자군을 구체적으로 구상하게 한 것은 라즈기르트전투였다. 사실 라즈기르트에서의 패배는 로마노스 4세의 오판과 무모함이 불러온 것이었지만, 그로 인해 비잔틴제국이 입은 손실은 매우 컸다. 로마노스 4세의 뒤를 이은 미카일 7세(1071~1078)는 그레고리우스 7세에게 셀주크 투르크족을 응징하는 일에 도움을 청했고 교황도 기꺼이 응하려 했다. 하지만 그 무렵의 그레고리우스 7세는 카놋사성 사건 때와는 사뭇 다른 처지에 있었다. 전술했듯이 제후들의 지원을 받는 데 성공한 독일의 하인리히 4세가 대립교황을 세우고 로마로 진격하며 그를 압박하는 상태에 있었기 때문이다.

결국 소아시아의 대부분을 장악한 셀주크 투르크족은 니케아를 수도로 하는 새로운 이슬람제국을 창건했다. 그리고 1092년에 투르크족 토후들은 시리아와 팔레스타인도 자신들의 영역에 편입시켰다. 뿐만 아니라 그들은 여타의 아바스조 영역에도 진출했다. 그리하여 소아시아와 팔레스타인의 새로운 주인으로 등장한 셀주크 투르크족은 유럽 기독교도들의 성지순례와 동방무역을 방해하는가 하면 예루살렘의 기독교도들을 박해했다. 투르크족의 진출은, 위에서 지적했듯이 유럽 기독교세계 전체를 움직이게 할 일을 벌여 자신의 웅지를 펴려던 우르바누스 2세에게 기회를 주었던 것이다.

그때 비잔틴제국의 황제 알렉시오스 1세(1081~1118)가 때맞추어 우르바누스 2세에게 군사적 원조를 요청했다. 투르크족의 지방 유력자들을 서로 반목하게 하여 그들의 힘을 약화시키기 위해 노력해온 그는 교황에게 사절을 파견하여 셀주크 투르크족의 힘이 약화되었으므로 공격할 적기임을 주장했다. 사실 셀주크 투르크제국에서는 1092년 3대 술탄 말리크 샤 사후(死後) 그의 아들들 사이에 내전이 일어났고, 거기다 아나톨리아와 에게해 연안 등지로의 진출은 한동안 뜸했던 지방세력의 저항을 불러왔다. 케르만(남부 이란), 이라크, 시리아의 군소 셀주크족 통치자들이 당시 그들에 저항한 대표적 세력들이었다.

비잔틴제국은 그 무렵 북쪽과 동쪽으로부터 침공해온 적들로 인해 영토는 줄어들고 수도 비잔티움은 위험상태에 있었지만 권력장악을 위한 음모와 분열이 그치지 않았다. 그런 상황에서 1081년에 제위에 오른 알렉시오스 1세는 베네치아와 동맹을 맺고 달마티아의 노르만족을 격퇴시켰으며 셀주크 투르크족과 평화협정을 체결하는 데 성공했다. 그리고 그는 당시

내분에 휩싸인 그들 이교도들의 힘을 꺾을 기회가 왔다고 생각했던 것이다.

기독교세계의 성전사상과 클레르몽 종교회의

클레르몽 종교회의

우르바누스 2세는 프랑스의 클레르몽에서 종교회의를 열고 예루살렘 순례자들이 받는 고난과 비잔틴제국의 원군 요청을 들어 십자군원정의 필요성을 역설했다. 교황은 동방의 부유함과 순례자들이 당한 박해를 강조하면서, 그리고 십자군에게 신의 가호가 있을 것을 다짐하면서 부자와 빈자 모두에게 성전에 나서도록 호소했다. 그리고 신을 위해 싸우다 전사하는 자에게는 용서와 구원을 약속했다. "예루살렘 성지와 비잔티움시로부터 끔찍한 이야기가 나돌아 자주 우리 귀에 들려옵니다. (중략) 그들은 하느님의 교회를 완전히 파괴하거나 아니면 자기들 종교의식에 사용하였습니다. 그들은 불경스럽게 모욕한 후 그 신전들을 파괴합니다."

교황의 설교에 감동한 청중들은 "하나님께서 그것을 원하신다! 하나님께서 그것을 원하신다!"고 외쳤다. 많은 지원자들은 엄숙하고 자랑스럽게 서약하고 십자가를 자신들의 옷에 붙였다.[11] 교황은 이어 프랑스 각지를 순회하면서 십자군전쟁의 당위성을 설파했고, 많은 열성적 설교자들도 곳곳을 누비면서 십자군으로 출전할 것을 독려했다. 프랑스를 비롯해 유럽의 대부분은 십자군의 열기로 뜨거웠다. 그리하여 종교적 열정과 성전사상은 어렵지 않게 결합했고, 유럽 기독교세계는 드디어 지중해와 이베리아반도에서 아랍-이슬람에 당한 패배를 설욕할 뿐만 아니라 셀주크 투르크족을 응징하는 길로 들어섰던 것이다.

십자군전쟁에 나선 유럽인들은 물론 때와 장소를 가리지 않고 신의 부름에 응해야 하는 기독교도들이었다. 하지만 우리는 클뤼니 개혁운동이 십자군운동 전후에 유럽에 종교적 열정을 크게 불러 일으켰다는 사실을 염두에 두어야 한다. 클뤼니 수도원은 강력한 개혁의지 가운데 설립되었고(910), 따라서 처음부터 성베네딕투스가 가르친 원시적 순수성과 엄격한 금욕주의를 부활시키려 했다.

클뤼니 개혁운동을 주도한 인물은 후일 그레고리우스 7세가 된 힐데브란트였다. 힐데브란트가 교황으로 즉위하면서 클뤼니 수도원과 300여 개의 클뤼니계 수도원들은 강력한 압력세력을 형성하여 기독교사회의 개혁운동을 주도했다. 추기경단의 교황선출을 규정한 라테란 종교회의(1059)와 그레고리우스개혁으로 이어진 클뤼니 개혁운동 등은 유럽사회에 새로운 신앙열을 불어넣었다. 클레르몽 종교회의 이후 유럽 각지를 순회하면서 십자군전쟁에 참가하도록 권고한 플랑드르 출신의 은자 피에르의 설교에 감동한 기독교도들은 클뤼니 개혁운동이 낳은 종교적 열정시대의 끝자락에 있던 사람들이었다.

기독교세계의 성전관념

유럽 기독교세계의 이슬람세계에 대한 성전사상은 십자군운동 때 비로소 등장한 것이 아니었다. 8세기 초에 기독교도의 땅에서 무슬림의 그것으로 변한 이베리아반도에서는 기독교도들의 재정복 성전이 이미 오랫동안 추진되어 왔다. 거기다 프랑스의 클뤼니 수도원이 스페인 기독교도의 성전을 적극적으로 후원했으며, 프랑스의 일부 봉건귀족들도 그것에 자극받아 스페인의 재정복운동에 참여했다.

예언자 무함마드의 이슬람제국과 오랫동안 힘겹게 대결해온 비잔틴제국은 실현되지는 않았지만 대(對)이슬람 십자군운동을 자주 발의했다. 즉, 니케포로스 2세(963~969)와 요안네스 1세(969~976)가 각각 964년과 975년에 십자군운동을 기도했으나 뜻을 이루지 못했다. 니케포로스는 황제로 즉위하기 이전에 이미 아랍 측으로부터 크레타를 되찾고 칠리키아와 북아프리카로 진출했으며 즉위한 후에는 키프로스, 안티오키아, 알레포 등지를 회복했다.

니케포로스를 이은 요안네스 1세는 메소포타미아로 침공해들어갔고, 이어 시리아를 거쳐 팔레스타인으로 진격했다. 사실 10세기와 11세기 중엽의 비잔틴제국은 제2의 중흥기를 맞이했었다. 그리하여 바실레이오스 2세(976~1025) 때의 비잔틴제국은 도나우강 이남의 발칸반도를 중심으로 소아시아-아나톨리아 지역을 거의 다 장악했다.

그처럼 아랍-이슬람제국과 여러 차례 싸워 승리한 니케포로스 2세는 기독교세계의 십자군을 일으켜 지중해와 중동지역을 기독교의 땅으로 만드는 꿈을 꾸었던 것이다. 그는 이슬람의 칼리파에게 보낸 한 서한에서 "나는 밤과 같이 검은 병사의 대군을 거느리고 메카를 향해 전속력으로 전진할 것이다. 메카를 점령하고는 얼마 동안 마음 놓고 거기 머물면서 지상(至上)의 존재이신 그리스도를 위해 왕좌를 마련할 작정이다"고 말했다.

요안네스 1세도 그의 동맹자였던 아르메니아 왕에게 쓴 편지에 "지금 가이사랴의 해안지대에 살고 있는 이 저주받은 아프리카인(이집트의 이슬람교도)들이 해안의 성으로 피난하지 않았더라면, 우리는 성도 예루살렘으로 진격하여 그 성스러운 곳에서 기도드릴 수 있었을 것이다"[12]고 썼다. 그러나 메카에 그리스도를 위한 왕좌를 마련하는 일과 예루살렘으로 진격하는 일은 당시에는 서한에서만 이루어졌을 뿐 실현되지 않았다.

8차례의 십자군원정과 실패, 그리고 실패 원인

민중십자군과 귀족십자군

십자군의 구성

십자군은 위로는 군주와 영주로부터 아래로는 농민과 걸식 부랑자 등 다양한 계층으로 구성되었고, 남성은 물론 여성도 원정대에 참가했다. 광의로 볼 때 십자군전사(戰士)는 어깨나 가슴에 '십자장'을 단 사람들을 의미했지만 — 십자군은 싸우려 나갈 때에는 십자장(十字章)을 가슴에 붙이고 귀향길에는 두 어깨 중간의 등에 십자장을 붙인다고 했는데 이는 「누가복음」 14:27의 "누구든지 자기 십자가를 지고 나를 쫓지 않는 자는 능히 나의 제자가 되지 못하리라"를 연상케 한다 — 전사들만 참가한 것은 아니었다.

그처럼 성직자, 시민, 농민, 부녀자 등 다수의 비전투원도 정규의 십자군을 수행했는데, 비전투원의 규모는 대체로 총인원의 1/4정도였던 것으로 추산된다(한 아랍인 연대기 작가가 남긴 기록에 따르면 중동지역의 어느 항구에 어느 날 300명의 젊은 유럽 여성들이 하선했는데, 그들은 십자군에게 몸을 맡긴 직업여성들이었다고 한다[3]). 물론 여성이 전사로 참전한 것은 아니고 남편을 따라 종군하거나 여타의 일을 위해 참가했는데, 여기에서는 프랑스의 아키테느공(公)의 상속녀 엘리에노르의 경우를 살펴보기로 한다.

25세의 엘리에노르는 남편 루이 7세(1131~1180)를 따라 2회 십자군에 참가했다. 두 딸의 어머니였지만 자유분방한 그녀는 원정 중에 건장한 한 노예와는 물론 숙부와도 통정했다고 한다. 십자군전사들 사이에 공공연한 비밀이 된 그녀의 탈선은 루이 7세의 십자군이 실패하는 데 적지 않게 이바지했을 것으로 여겨진다.

엘리에노르의 후일담. 귀국 후 결국 루이 7세와 이혼한 (1152. 3)—정신적으로나 육체적으로 그녀를 감당할 수 없던 루이 7세는 교황에게 간청하여 이혼을 허락받았다—그녀는 이번에는 같은 해 5월에 노르망디-앙주백(伯) 앙리와 재혼했다. 당시 그녀는 30세였으나 앙리는 그녀보다 10살도 더 아래인 19세였다. 하지만 앙리는 후일 영국 왕이 되었고(헨리 2세), 그에 따라 엘리에노르가 상속받은 광대한 아키테느 또한 영국의 영토가 되었다. 유명한 백년전쟁(1338~1453)은 프랑스 내의 영국 영토를 놓고 벌인 영토전쟁이기도 했다.

엘리에노르는 헨리 2세와의 사이에서도 세 딸과 두 아들－사자심(獅子心) 왕 리처드 1세와 그를 이은 존－을 두었다. 열정적이고 아름다운 여성이었던 그녀는 연애시와 궁정문학에 영감을 주었을 뿐만 아니라 음유시인들을 후원하기도 했다. 1204년에 83세로 타계했다.

민중십자군과 귀족십자군

십자군은 크게 영주와 기사들의 십자군인 귀족십자군과 농노와 부랑자 등이 주축이 된 민중십자군으로 구분된다. 물론 민중십자군은 체계적 조직, 효과적 무기, 엄격한 군기 등과는 거리가 먼 오합지졸의 집단이었다. 특히 은자 피에르가 이끈 민중십자군은 아래에서 보듯이 파괴와 약탈의 여정 끝에 소아시아에서 일패도지한 후 완전히 해체되었다.

반면 귀족십자군은 물론 교황의 축복을 받은 정규 십자군이었다. 당연하지만 십자군의 주력군은 국왕이나 영주가 인솔하고 직업적 전사인 기사가 근간을 이룬 귀족십자군이었다. 십자군은 봉건사회의 중추적 세력이었으되 전투와 모험을 좋아한 기사들에게 훌륭한 무대를 제공한 셈이었다.

여기에서 우리의 관심을 끄는 것은 봉건적 착취 체제 내지 질서를 애써 보전해야 할 입장에 있지 않은 민중들이 십자군 전쟁에 적극적으로 참여한 일이다. 물론 신앙심이 그들로 하여금 십자군원정에 나서게 했지만, 예루살렘을 비롯한 동방세계에 대한 그들의 막연한 기대감 또한 그들을 십자군전사로 만드는 데 적지 않게 작용했다.

서유럽 대부분의 농민은 10세기 말 이래 농노로 전락하여 영주의 가혹한 착취의 대상이 되어왔다. 사실 10, 11세기에 이르러 농업생산력이 착실하게 상승하고 일련의 기술혁신으로 수확량은 증대했지만, 농민들은 거의 연례적으로 되풀이되는 홍수·한발·역병에 시달렸다. 그러므로 농노를 비롯한 농촌인구는 거의 항상적 기근에 시달렸지만 개선은 거의 무망한 상태였다.

그처럼 가난과 압박의 일상에 시달려온 농민들은 실제의 예루살렘과 천상의 예루살렘을 구분하려 하지 않았다. 피에르 같은 인사들의 달콤한 이야기를 그대로 받아들인 그들은 '꿀과 젖이 흐르는 팔레스타인'이란 환상에 젖어 있었다. 팔레스타인은 실상 풍요와는 먼 거리에 있었지만 민중십자군은 동방을 꿈의 땅으로, 나아가 자신들의 꿈을 실현할 수 있는 신천지로 여겼던 것이다. 물론 민중십자군의 과도한 기대는 환멸로 끝났다. 제2회 십자군 이후 유럽 농촌사회에서 성지 예루살렘에 대한 환상은 서서히 사라져갔다.

민중십자군을 낳은 다른 한 요인은 농민은 물론 하위 성직자도 포함되는 평민층에 작용해온 묵시론적이고 종말론적인 세계관이었다. 그들은 그리스도가 재림하여 최후의 심판을 내릴 세상의 종말 및 새로이 도래할 신국(神國)에 대한 희망을 버리지 않았다. 현세의 고통이 크면 클수록, 현세의 부조리가 커 보이면 커 보일수록 구세주의 재림을 기원하는 그들의 기도소리는 높아갔다. 더욱이 그들에 있어서 예루살렘은 그리스도가 십자가에 처형당한 후 부활한 땅임은 물론 '신이 거하는 나라'였다. 말하자면 기독교도들에 있어서 예루살렘은 영혼의 안식처일 뿐만 아니라 세계의 중심지였던 것이다.

이교도와의 싸움에서 전사하는 것을 미화한 것도 민중십자군이 출현한 한 요인이었다. 교부철학자 성바실(329~379)은 군령에 따라 살인한 병사에게 3년의 성체배수(拜受)로 회개하라고 권고했다. 그렇게 하면 사면을 받는다는 것이었다. 하지만 서유럽 기독교사회는 이교도와의 전쟁에서 전사하는 것을 점차 순교로 미화했다. 비잔틴제국에서는 이교도와의 싸움에서 전사해도 그것을 순교로 미화하지 않았으나 서유럽에서는 사정이 달랐다. 특히 성아우구스티누스는 방어를 위한 전쟁 및 재산을 되찾기 위한 전쟁을 '정의의 전쟁'(bellum iustum)으로 보았다. 『신국론』을 쓴 성아우구스티누스는 중세의 기독교 신학 내지 세계관에 가장 큰 영향을 끼친 교부철학자가 아니었는가. 게다가 로마제국이 게르만족에 멸망한 이후 호전적 게르만 전사들이 지배세력으로 등장하고 교회 또한 게르만족 이교도에게 침략당하면서 이교도와의 전쟁은 정의의 전쟁이란 관념이 알게 모르게 작용해 왔기 때문에 십자군운동은 쉽게 정의의 전쟁으로 미화되었던 것이다.[14]

200여 년에 걸친 8차례의 십자군 원정

유럽 기독교세계는 1096년부터 1290년대 초까지 동방에 원정군을 파견했다. 주지하듯이 대규모의 원정만 하더라도 8회에 달했다. 그러나 성공한 십자군은 1회 십자군뿐이었고, 그것도 사실은 절반의 승리에 불과했다.

제1회 십자군

제1회 십자군의 선발대 격인 농민십자군은 비극적으로 끝을 맺었다. 피에르가 프랑스와 독일 등지에서 모집한 1만 5천 내지 2만 명의 '농민(민중)십자군'은 온갖 만행을 저지르며 비잔티움에 도착했다. 비잔티움에서도 현지 주민과 충돌한 농민십자군은 결국 1096년에 보스포러스해협을 건너 소아시아에 도착했으나 투르크족과의 싸움에 패해 소수를 제외하고 죽거나 포로가 되었다. "신앙은 산도 움직인다"는 신념 하나로 나선 피에르의 십자군은 말하자면 귀족(영주)십자군의 서막이었던 것이다.

농민십자군의 비극적 실패 후 귀족십자군이 발진했다. 귀족십자군에는 영국과 프랑스 국왕의 동생들, 로렌공(公) 고드프리와 그의 동생 볼드윈, 툴루즈백(伯) 레이몽, 남이탈리아 출신의 보에몽 등이 참가했다. 르푸이의 주교 아데마르(그는 형식상 십자군의 총사령관이었다)도 교황의 사절로 참전했다. 교황청에서도 군주의 참가를 요청하지 않았지만 국왕은 아무도 참가하지 않았다. 독일의 경우 서임권 투쟁으로 적대관계에 있었으므로 교황은 황제의 참가를 요청하지 않았다. 군주의 참가를 의식적으로 배제한 것이나 교황의 사절을 총사령관으로 삼은 것은 십자군을 주도하려 한 교황의 의지가 반영된 것이었다.

제1회 십자군, 즉 귀족십자군은 무기와 기율을 어느 정도 갖춘 원정군이었다. 비교적 통일된 모습을 보인 그들은 4개 부대로 나누어 비잔티움에 도착한 후 보스포러스해협을 건넜다. 사가들은 십자군의 규모를 5천~1만 명에 이른 기사와 1만 명 전후의 보병 정도로 본다. 10만 명의 기사와 60만 명의 보병이라는 이야기가 전해오지만 이는 과장된 것이다. 그리고 순례자나 십자군전사의 하인 등 다수의 비(非)전투원도 십자군에 합세했다. 앞에서도 지적했듯 중세 유럽에서는 시중드는 하인은 물론 창녀들까지 군대를 따라 다녔다.

소아시아로 건너간 십자군은 1097년 5월에 셀주크 투르크군을 제압하고 니케아를 함락시켰다. 그 후 주력부대는 안티오키아로 향했지만 볼드윈은 유프라테스강 상류의 고대도시며 시리아 방어의 요충지인 에데사로 진격했다.

에데사를 점령한 볼드윈은 그곳 십자군국가의 영주가 되었다. 반면 안티오키아로 향했던 십자군 주력군은 7개월 동안 포위 공격한 후에 안티오키아를 점령하였다. 그때 안티오키아의 셀주크족은 분열과 대립으로 거의 무정부적 상태에 빠져있어 십자군을 크게 도왔다. 전술했듯이 안티오키아의 지배자

말리크 샤 사후 셀주크족 토후들은 주도권 싸움에 영일(寧日)이 없었던 것이다. 그리고 안티오키아에는 보에몽이 주도한 제2의 십자군국가가 건설되었다.

십자군의 주력부대는 예루살렘으로의 진격을 계속했다. 그때도 시리아의 아랍인들은 프랑스십자군을 지원했다. 카이로의 파티마조 칼리파의 땅이었던 시리아의 아랍인 유력자들은 프랑스군에 식량을 제공하며 협력하는 대가로 안전을 보장받으려 했다. 결국 십자군은 1099년 6월 7일에 예루살렘에 입성했다. 우르바누스 2세는 십자군이 예루살렘을 탈환했다는 소식이 전해지기 직전인 1099년 6월 22일에 타계했다.

예루살렘 공격은 피비린내 나는 살육을 수반했는데, 이슬람 측의 완강한 저항도 물론 더 많은 피를 흘리게 했다. 예루살렘은 무슬림들에게도 성지였다. 게다가 십자군에 함락될 무렵 수니파인 투르크족으로부터 예루살렘을 빼앗은 시아파의 파티마조는 예루살렘을 끝까지 지키려했다. 당시의 기록에 따르면 솔로몬사원에서 살해된 사람들만 해도 1만여 명이었다고 한다.

십자군은 그 사이 크나큰 인적, 물적 손실을 입었지만 성지 예루살렘을 이교도들로부터 되찾았다. 에데사와 안티오키아에 이어 예루살렘왕국이 건설되고 고드프리가 '성묘의 방어자'로 선출되었다. 그리고 툴루즈백 레이몽은 안티오키아와 예루살렘 중간의 트리폴리를 중심으로 4번째의 십자군 국가인 트리폴리백령을 건설했다. 하지만 십자군이 유럽으로 귀환한 후에는 예루살렘왕국마저 무너졌다.

예루살렘의 십자군왕국: 예루살렘을 탈환하여 예루살렘왕국을 세운 후 대부분의 십자군은 귀국을 서둘렀다. 하지만 그로 인해 병사를 비롯해 왕국을 보전할 예루살렘왕국의 인적 자원이 부족하게 되어 후일의 화근이 되었다. 결국 교황청의 발의로 예루살렘왕국의 안정을 위해 1101년에 3개 부대의 십자군(20만이었다고 하나 역시 과장되었을 것이다[15])이 파견되었지만 소아시아에서 셀주크 투르크족에게 거의 전멸했다.

예루살렘왕국은 국왕을 선출하는 것이 급선무였으나 위에서 지적한 대로 고드프리를 겨우 '성묘의 수호자'로 선출했을 뿐이었다. 십자군 지도자들 사이의 대립으로 인해 국왕의 선출을 유보해야 했기 때문이다. 하지만 얼마 안 되어 고드프리는 타계하고(1100) 그의 동생인 에데사의 볼드윈이 예루살렘왕국의 국왕으로 즉위했다.

서구와의 원활한 연락을 위해 동지중해 연안을 확보해야 했던 예루살렘왕국은 이집트의 저항을 일축하고 아콘과 베이루트 등의 항구를 손에 넣었다(1101~1104). 이탈리아의 베네치아·제노바·피사 등이 그 작전을 지원했는데, 이는 십자군이 상업적 성격을 띠기 시작함을 의미한다. 이탈리아의 해양 도시코뮌들은 십자군과 손잡는 것으로 동지중해에서의 교역활동을 유지하는 길을 찾으려 했던 것이다.

이슬람세계의 분열과 재통합: 제1회 십자군의 그나마의 성공을 도운 것은 이슬람세계의 분열이었다. 소아시아와 시리아의 셀주크 투르크왕조는 서로 고립되어 있었기 때문에 십자군은 작전을 보다 용이하게 펼 수 있었을 뿐 아니라 결국은 그들을 각개격파할 수 있었다. 소아시아의 투르크족은 십자군을 비잔틴제국의 영역에 묶어두는 것에만 관심이 있었지 시리아는 어떻게 되든 관심이 없었다. 한편 시리아의 셀주크족 세력들은 분열해 대립했으며 심지어 상대세력을 꺾기 위해 프랑스 십자군과 동맹하기도 했다. 거기다 그들은 동쪽의 이란인들을 공격하던 중 요충지 안티오키아를 십자군에게 빼앗겼다.

그처럼 분열해 대립하고 있었으므로 셀주크족 지배자들은 대(對)십자군 군사동맹을 결성하지 못했다. 그것은 셀주크족 집단들이 역시 대립하고 있던 이집트의 파티마왕조와 동맹하는 것만큼이나 쉽지 않은 일이었다. 셀주크족의 여러 세력들과 이집트의 파티마조는 인종도 투르크족과 아랍족으로 달랐지만 종파 또한 수니파와 시아파로 달랐다. 그리하여 셀주크 투르크족의 결속 혹은 투르크족과 파티마조의 결속은 당시로서는 실현 불가능한 일이었고, 따라서 제1회 십자군은 절반의 성공이나마 거둘 수 있었다.

하지만 1128년에 셀주크족의 술탄 마흐무드의 모술 총독 장기가 알레포를 점령하면서 분열상태의 이슬람세계가 통합할 수 있는 길이 열렸다. 장기가 다마스쿠스로 진격하자 프랑스 측은 다마스쿠스의 투르크세력을 지원했으나 그렇게 성공적이지 못했다.

결국 장기에 의해 이슬람세계의 내분은 일단 종결되었고, 더불어 이슬람세계의 분열을 이용해 현상을 유지해온 십자군 국가들은 일대 위기에 봉착하게 되었다. 북부 시리아를 점령한 장기는 1144년에는 에데사를 회복하였다. 장기는 2년 후에 타계했지만 그의 아들 누레딘은 1146년에 기독교 측의 에데사탈환작전을 무위로 돌렸다. 그리고 머지 않아 살라딘이 출현했다.

비잔틴제국의 위기: 그에 앞서 비잔틴제국의 황제 알렉시오스 1세는 예루살렘 탈환을 겨냥한 십자군이 결성되었다는 소식에 크게 놀랐다. 전술했듯이 그는 십자군운동 직전 우르바누스 2세에게 원조를 요청했지만, 그가 의도한 것은 서구로부터 소수 정예의 용병을 지원받아 소아시아를 탈환하는 것이었다. 말하자면 상실한 지 이미 400여 년이나 지난 팔레스타인 일대를 무력으로 탈환하려는 그런 엄청난 계획을 세우지는 않았다는 것이다.

오래지 않아 십자군 지휘자들의 면면을 알게 된 알렉시오스는 서유럽인들이 비잔틴제국을 약탈할지도 모른다고 우려했다. 그는 십자군에게 정복지를 황제의 주권 아래 둘 것과 십자군의 지휘관들이 황제에게 신하의 예로 대할 것을 요구했다. 그러나 황제의 우려는 현실적 일로 나타났다. 제1회 십자군은 우선 비잔틴제국을 약탈하는 것으로부터 그들의 일을 시작했고, 아래에서 보듯이 제4회 십자군은 제국의 수도 비잔티움(콘스탄티노플)을 약탈한 것이다.

십자군 기사단: 십자군운동기의 종교적 열정과 군사력 확충의 필요성은 성전기사단과 병원기사단 같은 국제적 기사단을 등장시켰다. 종교공동체이기도 한 기사단은 수도원적 규율인 청빈, 자애, 복종 등의 공통규율 아래 신을 예배하고 성지를 방어하고 기독교도를 보호하는 일을 지상의 과제로 삼았다.

최초의 기사단은 성전기사단(Knights of the Temple)이었다. 유그가 성지순례단을 보호하기 위해 1118년경에 결성했다. 트로이 종교회의에서 공식적으로 승인받은(1128) 성전기사단의 근거지는 예루살렘성전 주변에 있었다. '전장의 사자들'로 불린 성전기사단 기사들은 무슬림들과 싸워 사페드·토르토사·아트흐리트 같은 성들을 방어했고, 그 밖의 여러 전투에서도 공을 세웠다. 그들은 흰 옷에 붉은 십자를 달았다.

예루살렘의 성존이 설립한 병원기사단(Knights of the Hospital)의 뿌리는 아말피의 상인들이 11세기 중엽에 성지순례자들을 위해 세운 숙소와 병원으로 거슬러 올라간다. 예루살렘왕국이 세워진 후 병원기사단의 규모는 물론 활동영역이 확대되어 성전기사단처럼 무슬림과의 전쟁에도 참가했다. 병원기사단은 트리폴리의 크라크 드 쉬발리 및 마르가트 등의 성을 관할했다. 후일 키프로스, 로도스, 말타 등지로 활동영역을 옮긴 병원기사단은 검은 옷에 흰 십자 표지를 달았다.

튜턴기사단(Teutonic Knights)도 있었는데, 그것의 뿌리는 1127년에 예루살렘에서 설립되었으나 예루살렘왕국이 붕괴된 (1187) 후 아크레로 옮겨간 성메리병원이었다. 구상으로 끝난 하인리히 6세의 십자군에 참가하기 위해 아크레에 집결한 독일 가사들은 1198년에 튜턴기사단을 만들었다. 후일 그들은 중동지역에서 헝가리로, 다시 발트해 지역으로 활동영역을 넓혔다.

제2회 십자군

모슬의 총독 장기가 그처럼 이슬람세력을 통합하는 데 성공한 이후 이슬람세력은 다시 결속하기 시작했고, 그에 따라 십자군국가들의 입지도 흔들리기 시작했다. 그러자 유럽은 프랑스의 루이 7세와 독일의 콘라트 3세가 참가한 제2회 십자군 (1147~1149)을 일으켰다. 하지만 황제가 지휘한 독일군은 소아시아에서 큰 손실을 입어 거의 전멸하다시피 했다. 니케아를 막 벗어난 콘라트의 군대는 투르크군의 공격을 받아 겨우 1/10만 목숨을 건져 팔레스타인으로 향했다. 루이의 프랑스군도 니케아를 지난 후 투르크군의 공격을 받아 큰 손실을 입었다.

루이와 콘라트는 그 후 예루살렘에서 만났으나 자신들의 자리를 보전하려 한 그곳의 기독교 영주들과도 대립했다. 두 군주의 십자군은 충분치 못한 병력으로 다마스쿠스를 공격했지만, 현지 십자군과의 불화로 작전을 효과적으로 펴지 못했다. 결국 프랑스와 독일의 십자군은 포위를 풀고 철수해야 했다

(1148). 예루살렘왕국도 따라서 어려운 상황에 처하게 되었다.

한편 제2회 십자군 이후 이슬람세계에서는 시리아 일대를 통일한 장기의 아들 누레딘을 지나 살라딘에 이르러 이슬람세계가 재편성되는 심상치 않은 변화가 일어났다. 사실 십자군 전쟁 중 이슬람세계의 가장 위대한 지도자로 부상한 인물은 메소포타미아의 티크리트 출신인 살라딘이었다.

누레딘은 그 무렵 이집트의 파티마왕조가 쇠퇴의 길을 걷자 프랑스와의 동맹을 포기하고 무슬림의 통합을 기도하면서 대(對)십자군 성전을 일으키려 했다. 누레딘은 1150년부터 다마스쿠스를 공격하여 장악한 후-그는 다마스쿠스에 입성하면서 휘하 전사들에게 약탈을 금지시켜 자신의 도덕성을 과시했다- 이집트에도 압력을 가했다. 그때 예루살렘왕국의 볼드윈은 누레딘에 의해 약화된 것을 간섭의 호기로 여겨 1167년에 파티마조에 조공을 강요했다.

하지만 볼드윈의 간섭은 오히려 누레딘의 부하 살라딘으로 하여금 기회를 얻게 하여 중동지역의 세력판도가 크게 달라지게 되었다. 즉, 누레딘은 부하 시르쿠흐를 카이로에 파견했고, 카이로 입성에 성공한 시르쿠흐는 수니파였지만 파티마조의 고위 관료가 되었다. 그리고 시르쿠흐가 죽은 후 그의 조카 살라딘이 그의 자리를 이었다. 그 후 누레딘의 명령에 따라 파티마조를 무너뜨린 살라딘은 이집트를 아바스조의 속령으로 편입시켰다(1171). 그리하여 이라크, 이집트, 시리아의 무슬림들이 2세기 동안의 분열을 마감하고 종교적, 정치적 통일을 성취할 수 있는 토대가 마련되었다. 물론 전체 이슬람세계가 결속하여 십자군에 효과적으로 항전할 수 있는 길도 열리게 되었다.

누레딘이 죽은(1174) 후 살라딘은 시리아와 이집트를 통일하는 일에 착수했다. 정력적인 장군이고 인도주의적 기사였던 그는 가위 전설적 인물이었다. 1177년경에 이집트와 시리아의 지배자가 된 그는 1187년에 갈릴리호 부근의 하틴에서 십자군을 참패시킨 후 여세를 몰아 예루살렘을 정복했다. 당시 십자군은 살라딘의 군세와 비슷한 2만여 병력으로 저항했지만 패배했고 그들을 지휘한 레이날드와 구이 등이 포로로 잡혔다. 그들은 다행히 석방금을 내고 풀려났지만 십자군으로서는 치욕적인 일이 아닐 수 없었다.

예루살렘에 입성한 살라딘은 예루살렘 국왕 볼드윈 4세를 풀어주었을 뿐만 아니라 기독교도를 학살하거나 그들의 재산을 약탈하지도 않았으며 어떤 것도 파괴하지 않았다고 한다. 그는 심지어 예루살렘성 안에서 결혼식이 있다는 소문을 듣고 공격을 다음 날로 미루었다고 한다. 살라딘은 무슬림의 다수 종파인 수니파를 결속시켜 대(對)십자군투쟁을 성공적으로 이끈 이슬람세계의 영웅이었다.

제3회 십자군

예루살렘이 살라딘에게 함락되고 항구도시 티르만이 십자군 영역으로 남게 되자 유럽 기독교세계는 당연히 큰 충격을 받았다. 유럽은 다시 세 번째 십자군(1189~1192)을 일으켰다. 이번에는 영국의 사자심왕 리처드 1세(1189~1199), 프랑스의 존엄왕 필리프 2세(1180~1223), 독일 황제 프리드리히 1세(1152~1190) 등 유럽 3대국의 군주들이 참가했다.

하지만 이전부터 서로 대립해온 리처드 1세와 필리프 2세가 무슬림과 싸우기도 전에 서로 힘겨루기를 하느라 영국군과 프랑스군의 출발이 늦어졌고, 먼저 발진한 독일 황제는 1190년 6월에 소아시아의 한 강에서 익사했다. 이코니움에 도착한 독일군은 투르크군을 맹공해 그곳을 함락시키고 많은 전리품을 얻을 수 있었지만, 프리드리히 1세는 칠리키아의 셀레우키아 근처 칼리카드누스강에서 멱을 감다 익사하는 불운을 당했던 것이다. 그로 인해 일부는 귀향했지만 나머지 독일군은 팔레스타인으로 진격한 후 그곳에서 영·프 양국의 십자군과 합세했다.

아래에서 보듯이 화해할 수 없는 원수 사이였던 사자심왕 리처드와 존엄왕 필리프는 협력하기보다는 오히려 상대가 실수를 저지르기를 바라면서도 독일군과 함께 항구도시 아크레를 포위 공격해 결국 함락시켰다(1191). 이후 사자심왕은 살라딘과 조약을 맺고 기독교도의 예루살렘 자유왕래를 보장받았다. 그러나 그것뿐, 영국·프랑스·독일의 군주들이 나선 제3회 십자군도 별다른 성과를 거두지 못했다.

영국과 프랑스의 왕가는 혈연관계로 얽혀 있었고, 그로 인해 영국은 프랑스의 노르망디·앙쥬·아키테느·브레타뉴 등을 소유하게 되었다. 따라서 두 나라 사이에는 분쟁이 끊이지 않았는데, 그 분쟁의 절정을 장식한 것이 바로 백년전쟁(1338~1453)이었다. 물론 양국의 적대관계는 십자군운동 기간이라고 해서 완화되지 않았다.

특히 필리프 2세는 영국 플란타지넷왕가와의 투쟁을 왕조의 기본이념으로 삼을 정도로 영국과의 대결에 몰두했다. 공히 강력한 왕권을 자랑한 영국의 리처드 1세와 프랑스의 필리프 2세는 시칠리아에서 한 차례 싸운 후―리처드는 시칠리아에서 필리프의 누이 엘리스와의 약혼을 파기했다―십자군원정 중 줄곧 다투었다.

십자군원정에서 돌아온 존엄왕은 사자심왕이 십자군원정 중에 자신을 독살하려 했다고 비난했다. 한편 프랑스의 보복이 두려워 아드리아해 쪽으로 귀국하던 사자심왕은 예기치 못한 태풍 때문에 베네치아 부근에 상륙한 다음 오스트리아의 빈으로 갔다. 하지만 사자심왕과 사이가 좋지 않던 오스트리아공(公) 레오폴드에게 붙잡혀 도나우강변의 한 성에 감금되었다(1192. 12). 레오폴드는 이후 그를 다시 독일 황제 하인리히 6세에게 넘겨버렸다.

하인리히 6세는 사자심왕이 시칠리아를 병합하려던 자신의 기도에 반대하고 레체의 탄크레드를 지지한 것에 앙심을 품고 복수할 기회를 노리고 있던 터였다. 한편 사자심왕이 독일 황제의 포로로 갇혀 있다는 소식을 들은 존엄왕은 즉시 랭스의 주교를 하인리히 6세에게 보내 그를 자신에게 넘겨주든지 아니면 끝까지 감옥에 감금해두도록 요청했다.

그리고 존엄왕은 곧 바로 사자심왕의 동생 존 – 귀족의 압력에 굴복해 대헌장(마그나 카르타)을 승인했으며 특히 프랑스에 영토를 빼앗겨 실지왕(失地王)으로 불리는 존왕 – 을 위협하여 영국으로부터 노르망디를 되찾았다. 그 무렵 사자심왕은 15만 마르크의 석방금(봉(封)으로 되돌려 받기로 약정되어 있었다)을 물고 1194년 2월에 풀려났다.

1194년 4월에 영국에 귀환한 사자심왕은 왕위를 되찾고 동생 존과 화해한 후 다시 프랑스로 건너가 타계할 때까지 5년 동안 존엄왕과의 싸움에 진력했다. 교황 인노켄티우스 3세가 그때 양인에게 5년간 휴전을 권고했지만, 노르망디에서 프랑스와 싸우던 사자심왕은 얼마 지나지 않아 그곳에서 42세의 나이로 타계했고 그의 동생 존이 영국 왕으로 즉위했다.

제4회 십자군

제4회 이후의 십자군은 후기 십자군으로 불리는데, 후기 십자군은 몇 가지 점에서 전기 십자군과 달랐다. 즉, 예루살렘이 아닌 이집트가 십자군의 공격대상이 되었고, 이전에 비해 세속적, 경제적 동기가 더 강하게 작용했으며, 교황청이 보다 적극적으로 십자군을 주도했던 것이다.

사실 12세기말 이후 십자군정신은 크게 약화되었다. 십자군의 연이은 실패는 일부 유럽인들로 하여금 "신이 그것을 원하지 않는다"고 생각하기에 이르렀다. 그들은 불경스런 십자군 군주들과 자신의 정적 제거에 십자군을 이용하려 한 교황에게도 실망했다. 거기다 예루살렘왕국에서도 내적 분규가 끊이지 않았다. 그런 상황에서 강력한 교황권을 자랑한 인노켄티우스 3세는 새로운 십자군을 발의했다.

베네치아의 상업적 야심과 결탁한 십자군: 4회 십자군은 파문을 당하는 등 십자군 역사에 추악한 십자군으로 기록되어 있을 뿐만 아니라 물욕에 굴복한 십자군으로 평가받는다.

유럽의 3대 군주국의 지배자들이 참여한 3회 십자군이 거의 실패로 끝난 데다 독일에서는 제위를 둘러싼 분쟁이 일어나고 영국과 프랑스 또한 노르망디문제가 발단이 되어 심하게 대립하는 상황에서 인노켄티우스 3세는 4회 십자군을 일으켰다.

인노켄티우스는 십자군의 대의를 천명해 유럽을 결속시키고 자신의 권위를 보다 확고히 하기 위해 십자군을 발의했지만 유럽의 군주와 대영주들이 '왕 중의 왕' 격인 교황의 호소를 외면했다. 다행히 플랑드르백(伯) 볼드윈과 북프랑스의 기사들이 참가함으로써 1202년에 제4회 십자군원정이 시작되었다. 베네치아는 십자군 지휘부와 계약을 맺고 십자군을 이집트의 카이로로 운송해주기로 했다.

하지만 십자군이 약속한 돈을 지불하지 못하자 베네치아는 대신 자라를 빼앗아줄 것을 요청했다. 결국 십자군은 당초부터 성지회복보다는 상업적 이익 및 동지중해 교역로를 확보하는 데만 관심이 있던 베네치아의 요청에 응해 1202년 11월에 아드리아해안의 자라를 함락시켰다. 베네치아는 헝가리로부터 자라를 탈취하기 위해 십자군을 움직였던 것이다. 교황은 자신의 명령을 거역하고 기독교 도시 자라를 점령하고 노략질한 십자군을 파문했다. 교황 자신이 일으킨 십자군을 교황이 파문하는 희한한 일이 벌어진 것이다.

자라에서 겨울을 난 십자군은 이번에는 이집트가 아닌 비잔티움으로 쳐들어갔다. 동생 알렉시오스 3세(1195~1203)와의 권력투쟁에 패한 비잔틴제국 황제 이사키오스 2세와 그 아들 알렉시오스 4세가 제시한 당근의 유혹을 뿌리치지 못했기 때문이다. 이사키오스 2세 부자는 그들로 하여금 제위를 되찾도록 도와줄 경우 십자군이 베네치아에 진 빚을 갚아주고 이집트원정을 재정적, 군사적으로 후원할 것이며 심지어 그리스 정교회를 로마 가톨릭교회로 귀속시키겠다고 제의했다. 이미 교황으로부터 파문당한 십자군들로서는 거리낄 것이 없었다.

십자군은 1203년 7월에 비잔티움을 함락시킨 후 약속대로 이사키오스 부자에게 황관을 되찾게 해주었다. 하지만 이사키오스 부자는 십자군에게 한 약속을 이행하지 못하고 있던 중에 일어난 반란으로 결국 살해되었다. 이에 힘으로라도 빚을 받아내기로 작정한 십자군은 결국 1204년 4월에 비잔틴제국의 수도 비잔티움을 점령하고 노략질했다.

십자군 병사들은 오랜 역사를 자랑할 뿐 아니라 당시 지중해세계에서 가장 번영하던 비잔티움시를 3일간 약탈했다. 『콘스탄티노플 정복기』를 남긴 빌라르두엥은 콘스탄티노플 앞에서는 아무리 대담한 사람도 몸이 오싹해질 것이라고 말했다. 콘스탄티노플을 "세계가 창조된 이래 인간의 손으로 이루어진 가장 거대한 것"이라 평가한 그의 찬탄은 계속된다. "이전에 콘스탄티노플(비잔티움)을 본 일이 없는 사람들이 얼마나 큰 놀라움으로 바라보았는지 상상할 수 있을 것이다. 그들은 세상에서 이와 같이 장대한 도시가 있을 수 있다는 것을 믿기 어려웠다. 높은 성벽과 장대한 탑들이 주위를 둘러싸고 화려한 궁전과 높이 솟은 교회들이 수없이 많아서 직접 자기 눈으로 보지 않은 사람은 믿어지지 않을 것이다. 그 도시의 길이와 폭은 다른 어느 도시에도 비할 바가 아니었다."[16]

이제 약탈자로 변한 십자군전사들은 비잔티움의 보화를 마음껏 훔치고 빼앗았다. 그들은 성소피아성당 안으로 말이나 당나귀를 끌어들여 성물과 금은 장식품들을 실어 날랐다. 그들은 칼과 창을 휘두르며 닥치는 대로 죽이고 뺏어갔다. 말이나 당나귀가 미끄러져 넘어지면 칼로 찔러 죽였으며 창녀를 성소피아성당의 총주교좌에 앉혀놓고 희롱하기도 했다. 십자군들에게는 이제 눈앞의 보물만 보일 뿐 신의 징벌도 두렵지 않았다.

비잔틴제국의 비극: 비잔틴제국도 십자군 지휘자들에 의해 분해되었다. 플랑드르백 볼드윈이 황제로 등극한 라틴제국(비잔티움과 아드리아노플), 테살로니키왕국, 아테네공국, 아케아공국 등으로 쪼개어졌다. 십자군을 파문했던 교황 인노켄티우스

3세 또한 십자군의 비잔틴제국 장악을 내심 환영했다고 한다. 그는 십자군의 만행을 전해 듣고 새삼 놀랐지만 라틴기독교세계가 동방정교회 그리스 지역을 차지한 사실에 대해서는 만족했던 것이다.

당연하지만 비잔틴제국의 문화적 연속성도 단절되었다. 베네치아는 중요한 항구와 전략상의 요충지를 손에 넣었으며 나아가 동지중해 일대의 제해권을 보다 강화할 수 있었다. 그리하여 베네치아는 제4회 십자군 이후 지중해세계의 강력한 해상세력으로 부상했다.

제4회 십자군의 탈선 원인론: 4회 십자군의 콘스탄티노플 약탈은 우연의 소치였을까 아니면 계획된 사건이었을까? 4회 십자군의 동시대 인물인 클라라의 로베르가 남긴 기록부터 먼저 살펴보기로 하자. 그것에 따르면 비잔틴제국의 알렉시오스 4세가 후한 조건을 내걸고 원조를 요청하자 베네치아 총독 단돌로는 "우리는 이제 합법적 후계자를 만났으므로, 여러분들이 찬성만 한다면 콘스탄티노플로 쳐들어갈 수 있는 좋은 구실을 가졌습니다"고 말했다. 그러자 일부 십자군 지휘자들은 "카이로나 알렉산드리아로 갈 식량도 돈도 없는 이 판국에 우리가 카이로나 알렉산드리아에서 무엇을 할 수 있단 말인가? 그곳에 가서 빠져죽느니보다는, 그곳에 가기 전에 어떤 좋은 구실에 의해 식량과 돈을 얻는 것이 우리에게 훨씬 더 좋을 것이다"고 답했다.

현대의 사가들은 '우연성'과 '고의성' 이론 사이에서 견해의 일치에 이르지는 못했지만 대체로 그것이 계획적 사건이었다는 설명에 동의한다. 우연론을 배격하는 사가인 A.A.바실리에프도 베네치아의 무역활동을 증진시키려 한 총독 단돌로의 확고한 의지와 불굴의 결단성, 그리고 동방시장의 획득이 줄 무한한 이익을 지적한다.

앙리 그레고아르 또한 고의성 이론을 지지한다. 원정대의 탈선을 처음부터 의도된 것으로 보는 그는 베네치아 총독과 십자군 지휘자 보니파스의 야망에 주목했다. 우리는 베네치아가 비잔틴제국과의 교역에서 특권을 누려왔지만 12세기말부터 제노바와 피사의 진출로 그 특권이 흔들렸다는 사실 및 보니파스가 정치적 야망의 인물이었음을 염두에 둘 필요가 있을 것이다.

제4회 십자군 이후의 후기 십자군

그처럼 탈선한 제4회 십자군 이후에도 십자군원정은 중단되지 않았다. 사실 십자군의 연이은 실패는 십자군운동에 대한 열정을 서서히 약화시켜 갔지만 다음의 소년소녀십자군에서 볼 수 있듯이 유럽인들의 성지회복 열망이 완전히 소멸되지는 않았던 것이다. 거기다 경제적 획득에 대한 기대 또한 유럽 기독교들의 십자군 참전을 자극했다.

제5회 십자군: 이집트가 이슬람세력의 중심이라고 판단한 유럽 기독교세계는 4회 십자군에 이어 다시 이집트 원정에 나섰다. 교황 인노켄티우스 3세를 이은 호노리우스 3세(1216~1227)의 주도하에 여러 지역에서 모여든 십자군이 1218년에 이집트를 향해 발진했다. 그리고 그들은 예루살렘과의 교환을 기대하면서 나일강변의 다미엣타를 점령하려 했다(1219. 11). 17개월에 걸친 공방전 후 이집트의 술탄은 십자군이 이집트를 떠나는 조건으로 요르단강 서쪽의 예루살렘을 넘겨주는 협상안을 제시했지만, 교황의 사절로 십자군을 지휘한 추기경 펠라기우스는 그것을 거부했다. 펠라기우스 휘하의 십자군은 1219년 11월에 겨우 다미엣타를 장악했다. 하지만 전투가 21개월이나 더 지속되던 중 나일강이 범람해 철수해야 했고, 따라서 십자군은 카이로로 진격하려던 계획을 포기해야 했다. 정치적 성격이 강했던 십자군으로 평가받는 제5회 십자군은 제2의 목표였던 예루살렘 쪽으로는 군대를 출진시키지도 못한 상태에서 다미엣타마저 곧 빼앗겨버렸다. 그리고 십자군은 1221년 8월에 아크레로 철수했다.

제6회 십자군: 제6회 십자군은 독일 황제 겸 시칠리아 왕이었던 프리드리히 2세(1215~1250)가 주도한 십자군이었다. 명민하되 회의적이며 기회주의적이었던 황제는 1220년에 교황 호노리우스 3세에게 십자군 참전을 되풀이하여 약속했지만 1227년까지 약속을 이행하지 않았다. 1225년에 예루살렘왕국의 상속녀 이사벨라와 결혼한 황제는 1227년에 10월에 십자군을 일으켰으나 질병으로 중도에 포기하고 되돌아왔다. 그때 그의 십자군은 아크레까지 진출했지만 교황 그레고리우스 9 세는 회군한 황제를 파문했다.

프리드리히 2세는 그처럼 파문상태에 있었지만 1228년 여름에 6회 십자군을 일으켰다. 6회 십자군은 큰 전투를 치르지 않았는데, 그것은 시리아의 기독교도들이 교황으로부터 파문당한 프리드리히를 불신해 그를 중심으로 결속하지 않았기 때문이고 또한 프리드리히가 전투보다는 외교에 치중했기 때문이다. 시칠리아에 진출해 있던 아랍인과 접촉한 경험이 있던 황제는 1229년 이슬람 측과 협상하여 예루살렘의 대부분을 회복했을 뿐만 아니라 베들레헴과 나사렛도 기독교도의 땅이 되게 했다. 그리고 10년간의 휴전도 성사시켰다.

하지만 유럽의 기독교도들은 그를 지지하지 않았으며 그레고리우스 9세는 그가 예루살렘왕국의 왕으로 즉위하기 위해 예루살렘을 방문하자 예루살렘왕국마저 파문에 처해 버렸다. 이는 프리드리히 황제를 거듭 파문한 것이나 다름없는 것이었다.

그로 인해 예루살렘의 기독교세력은 분열해 대립했다. 분열하여 싸운 그들은 심지어 상대의 세력을 꺾기 위해 이집트와 다마스쿠스의 살라딘 후계자들과 손을 잡기도 했다. 그런 상태에서 예루살렘은 이집트의 지원을 받은 카와리츠파 투르크족에게 점령되었고(1244, 예루살렘은 그때부터 영국의 위임통치를 받게 된 1917년까지 이슬람세계의 지배 아래 있었다) 그 후 1년도 안 되어 살라딘이 이집트를 중심으로 세운 아이유브조의 아이유브가 팔레스타인과 시리아 지역을 장악했다.

제7회 십자군: 프랑스의 성왕(聖王) 루이 9세(1226~1270)는 이집트를 겨냥해 제7회 십자군을 일으켰다. 수년간 용의주도하게 준비한 성왕은 1248년에 십자군과 함께 출정했다. 제5회 십자군처럼 예루살렘과의 교환을 기대하면서 다미엣타를 공격해 1249년에 정복했다. 그때 이집트의 술탄 아이유브는 상당히 매력적인 내용의 협상을 제의했으나 카이로를 손에 넣으려 한 루이 9세는 그 제안을 거절했다. 그는 펠라기우스처럼 나일강 홍수를 만나지는 않았지만 이집트 측의 완강한 저항에다 질병과 굶주림이 겹쳐 패전했다. 루이 9세 자신도 1250년에 포로로 잡혔다가 막대한 배상금을 물고 풀려났다. 그 후 그는 1254년까지 이집트에 머물렀으나 별다른 전과를 거두지 못했다.

재미있는 것은 석방된 후 팔레스타인에 머물던 루이 9세가 몽골과의 동맹을 추진한 사실이다. 당시 루이 9세는 네스토리우스파 기독교도들이 카라코룸의 칸 뭉케(헌종)의 궁궐에서 상당한 영향력을 발휘하는 것에 기대를 걸었다. 제5회 십자군 때 펠라기우스가 비슷한 계획을 세웠으나 실현되지 않았듯이, 루이 9세의 원대한 계획도 성공을 거두지는 못했다. 아래에서 그에 관해 좀더 살펴보기로 하자.

십자군과 몽골, 그리고 마메루크(Mameluke)왕조: 서유럽은 후기 십자군원정 중에 동양의 몽골제국과의 협력 혹은 심지어 몽골의 기독교로의 개종을 기도했다. 제5회 십자군을 지휘한 교황의 사절 펠라기우스는 전술했듯이 아이유브조 술탄의 제안, 즉 십자군이 점령한 다미엣타와 예루살렘을 교환하는 것을 거절했는데, 이는 1221년에 펠라기우스가 프레스테 존으로 불린 기독교 군주 다윗의 사절로부터 다윗이 이슬람군을 타도하고 바그다드까지 진출하려 한다는 보고를 받았기 때문이라 한다. 그 다윗은 바로 징기스칸이었다.

물론 징기스칸을 다윗으로 오인한 것은 전술한 대로 서구인의 동방에 대한 무지와 연결되지만 다른 한편 그것은 서유럽이 몽골과의 동맹에 상당한 기대를 걸었음을 말해준다. 앞에서 이야기했지만 제7회 십자군을 일으킨 성왕 루이 또한 포로의 신분에서 벗어난 후 마메루크왕조의 이집트를 견제하기 위해 사자를 몽골에 파견했다. 1245년에도 교황청 사절을 몽골제국 궁성에 파견한 바 있는 서유럽은 몽골과의 동맹 혹은 몽골족의 개종을 지속적으로 기도했다. 그리하여 양측은 사절을 교환하고 동맹문제를 토의하는 데까지 이르렀다. 그 후에도 루프로크, 마르코 폴로, 몬테 고루비노 등이 몽골제국으로 파견되거나 여행했다.[17]

하지만 중동에서의 상황은 서유럽세계의 기도와는 전혀 다른 방향으로 진행되었다. 시리아에 침입한 몽골군은 십자군에게 공포의 대상이 되었을 뿐이었다. 십자군은 오히려 호의적 중립을 취하면서 몽골군을 퇴치한 이집트의 마메루크군을 도와야 했다.

마메루크조는 호전적 백인노예전사들이 1250년에 카이로에 세운 왕조였다. 동방의 여러 지역 출신의 노예전사들로 이루어진 강력한 군대를 자랑한 마메루크조는 동지중해세계의 새로운 주인 오스만제국에게 정복될 때(1517)까지 이집트를 통치했다.

한편 몽골의 칸 뭉케의 동생이며 징기스칸의 손자인 홀라구는 1258년에 바그다드를 공격, 점령한 후 아바스조의 마지막 칼리파 무스타심을 살해해 전체 이슬람세계에 충격을 주었다(왕가의 피를 땅에 흘리지 않은 (몽골의) 관행 때문에 홀라구는 무스타심을 탑에 가두어 굶겨 죽였다고도 하고 양탄자에 말아 밟아 죽였다고도 한다). 물론 다수의 시민도 당시 목숨을 잃었다.

그때 왕족을 비롯한 지배층은 이집트의 마메루크왕국으로 망명했다. 아래에서 보듯이 1260년에 팔레스타인의 나불루스에서 몽골군을 퇴패시킨 적이 있는 마메루크의 술탄 바이바르스는 그중 한 사람을 칼리파로 삼았다(1261). 물론 카이로의 칼리파는 무력한 존재로 전락한 반면 바이바르스는 무슬림들 사이에서 권위를 과시할 수 있게 되었다.

한편 몽골족은 계속 서진해 1260년에는 알레포와 다마스쿠스를 차지했다. 그러나 몽골족의 서진은 마메루크조에 의해 중단되었다. 마메루크조 술탄 쿠투즈 휘하의 바이바르스는 네스토리우스파 기독교도였던 키트부그하 휘하의 몽골군을 1260년 9월에 나불루스전투에서 완패시켰다. 키트부그하도 그 전투에서 전사했다. 그리고 바이바르스는 쿠투즈를 제거하고 마메루크조의 지배자로 변신했던 것이다.

몽골족에게 결정적 패배를 안겨준 1260년의 나불루스전투는 마메루크조와 이슬람교에 매우 중요한 전투였다. 그 전쟁에 승리함으로써 마메루크조는 생존할 수 있었고, 이슬람교 또한 계속하여 동지중해세계에서 번성할 수 있었기 때문이다. 그것은 또한 가능성은 크지 않았지만 서유럽이 바라던 대로 몽골이 기독교세계로 개종할 수 있는 길을 막아버렸다. 기독교보다 이슬람교를 더 강력한 종교로 여긴 몽골족은 오히려 이슬람교도가 되었다.

제8회 십자군: 성왕 루이는 8회 십자군도 주도했다. 전술했듯이 이집트 마메루크조의 바이바르스가 1260년대에 시리아를 장악하고 이어 안티오키아를 손에 넣는 등 중동지역의 새로운 강자로 등장했다. 하지만 그는 성왕이 1267년에 새로운 십자군원정을 추진한다는 소식을 듣고 십자군과의 충돌을 피하려 했다.

앙주의 샤를(시칠리아왕)도 튀니스를 공격한 성왕을 도왔지만 성왕은 튀니스에서 병사했다(1271). 루이 9세가 타계한 후 샤를이 원정군을 지휘하고 영국의 에드워드 1세(1272~1307) 또한 즉위하기 전에 십자군에 합세해 1271년 5월부터 다음해 9월까지 아크레에 머물렀으나 암살을 겨우 모면했을 뿐 별다른 전과를 올리지는 못했다.

한편 루이 9세가 병사한 사실을 인지한 바이바르스는 계속 전진하여 트리폴리를 차지하고 1291년에는 동쪽으로 눈을 돌려 아크레를 점령했다. 그에 앞서 교황 그레고리 10세가 유럽 군주들에게 십자군에 참여하도록 호소했지만 그는 자신의 호소가 받아들여지기 전에 타계했다. 뒤이어 티레, 베이루트, 하이파, 아틀리트 등도 이슬람 측에 함락되었다. 그때 이슬람교도들의 보복으로 6만여 명의 기독교가 학살되었다고 한다. 그후에도 지역 차원의 소규모 원정군이 조직되기는 했지만 제8회 십자군을 끝으로 중세의 십자군운동은 사실상 막을 내렸다.

소년소녀십자군: '어린이십자군(Children's Crusade)'도 십자군의 비극을 더해주었다. 제4회 십자군이 장엄한 깃발을 올린 10년 뒤인 1212년 여름 신의 계시를 받았다고 주장한 프랑스의 12세 양치기 소년 에티엔을 따라 12, 13세의 어린이들이 십자군으로 나섰다. 원정에 나선 소년소녀들은, 유대인이 모세의 지도로 이집트를 탈출할 때 홍해를 열어 가나안으로 인도했듯이 여호와가 그들에게 지중해를 열어줄 것이며, 그 길을 따라가면 예루살렘에 도착하고 또한 신의 가호로 사탄을 무찌를 수 있다고 믿었다.

어렵게 남부 프랑스의 마르세유에 도착한 3만여 명의 아이들은 7척의 배에 나누어 탔다. 하지만 2척은 사르디니아 근해에서 침몰했다. 물론 어린이들은 대부분 익사했다. 그리고 마르세유의 사악한 선주들은 나머지 5척에 탄 어린이들을 알렉산드리아로 싣고 가서 아랍인들에게 노예로 팔았다.

　그때 후일 제6회 십자군을 주도하게 될 독일 황제 프리드리히가 700여 명의 소년과 소녀들을 구했다고 한다. 즉, 마르세유의 선주들이 알렉산드리아에서 아이들을 아랍인들에게 팔아 넘기려는 사실을 인지한 황제가 그들을 붙잡아 처형한 다음 알렉산드리아의 술탄과 협상해 소년소녀들을 해방시켰다는 것이다.

　같은 해 독일에서도 소년소녀십자군이 등장했다. 쾰른 출신의 10세 소년 니콜라우스가 소년소녀십자군을 이끌고 무슬림을 타도하러 나섰던 것이다. 2만여 명의 소년과 소녀들은 라인란트를 거쳐 알프스를 넘었다. 그리고 제노바에서 아펜니노 산맥을 넘어 아드리아해 입구인 남이탈리아의 브린디시에 도착했다. 그러나 그들은 그곳 성직자들의 간곡한 만류로 지중해를 건너는 일을 포기했다. 물론 고향으로 돌아가는 그들 모두는 거지나 다름없는 행색이었다.

　추악한 실패로 끝난 제4회 십자군이 아마도 소년소녀십자군에 적지 않은 영향을 끼쳤을 것이다. 제4회 십자군 이후 유럽에서는 실망과 함께 새로운 십자군을 염원하는 기운이 매우 컸다고 한다. 교황 인노켄티우스 3세는 소년소녀십자군에 관한 이야기를 듣고 감동해서 "우리들은 장한 소년들 앞에서 정말 부끄럽구나. 우리들이 자고 있는 사이에 소년들은 기꺼이 성묘를 해방시키려 하는구나"라 말했다고 한다.

십자군원정의 실패 원인

사실 십자군전쟁은 어떤 면에서 보더라도 성공할 수 없는 전쟁이었다. 사가들은 십자군전사들이 훈련을 제대로 받지 못한 데다 무장마저 허술했던 것(오합지졸의 농민십자군이 더욱 심했다), 당시의 교통통신 수단으로는 감당할 수 없는 먼 지역으로 원정한 것, 국왕과 대영주들의 참전해 지휘부가 대립한 것, 중동에 대한 정보가 부족한 데다 십자군의 성격마저 변화한 것 등을 실패의 중요한 원인으로 꼽는다.

오합지졸의 농민군과 지휘부의 갈등

은자(隱者) 피에르가 십자군을 모병한 모습은 십자군이 성공하지 못한 사정을 알 수 있게 해준다. 십자군운동이 발의된 클레르몽 종교회의 후 십자군전사들을 모으는 데 적지 않게 이바지한 사람은 피에르였는데, 맨발에 헙수룩한 옷차림을 한 그 노인은 프랑스와 독일의 이곳저곳을 돌아다니며 무지한 농노들과 그들의 아들 등 기율 없는 군중을 모았다.

대부분 기아선상을 넘나들던 농민십자군들은 피에르가 우유와 꿀이 흐르는 가나안으로 인도해줄 것으로 믿었다. 사실 우르바누스 2세는 서유럽의 중무장 기사들로 십자군을 구성하려 했지만 클레르몽 종교회의 후의 고조된 신앙심은 냉정하고 합리적인 일의 진행을 용납하지 않았던 것이다.

서방에 원조를 요청하여 십자군원정의 한 계기를 제공한

비잔틴제국의 황제 알렉시오스 1세의 공주 안나 콤네나에 따르면 피에르는 가짜 신의 명령에 따라 사람들의 영혼을 자극했다. 즉, 순례여행 중에 투르크족과 아랍인에 의해 큰 고통을 당한 경험이 있던 피에르는 고통이 따르지 않는 새로운 순례여행을 위해 사람들을 모으려 했고, 그리하여 "하나님의 소리가 나로 하여금 프랑스에 있는 모든 백작들에게, 그들은 집을 떠나 성묘에 예배하러 출발해야 되며, 모든 수단과 마음을 다하여 충심으로 예루살렘을 하가레네스[18]의 손으로부터 구하도록 노력해야 된다는 것을 말하도록 명하신다"고 설교했다는 것이다.[19]

한편 지휘부의 갈등이 가장 심했던 것은 세 번째 십자군이었다. 위에서 이야기했듯이 출발할 때부터 대립한 영국의 사자심왕 리처드와 프랑스의 존엄왕 필리프는 행군 중에도 대립했다. 도중에 단독으로 키프로스를 점령한 사자심왕은 한때는 존엄왕과 합심해 시리아의 아크레항을 점령했으나 그것뿐, 존엄왕은 귀국해 버렸고 사자심왕도 위에서 살펴보았듯이 시리아와 메소포타미아의 지배자 살라딘과 협상해 겨우 예루살렘의 자유통행을 보장받고 귀국했다.

물론 지휘부의 갈등이 3회 때부터 십자군을 괴롭힌 것은 아니었다. 제1회 십자군의 지휘부도 줄곧 대립했다. 지휘부의 대립을 예견한 교황은 르 뿌이의 주교 아데마르를 원정군 사령관으로 임명했지만, 힘이 부족한 그로서는 감당할 수 없는 사명이었다. 툴루즈백 레이몽은 안티오키아를 공략하고 예루살렘으로 진격하는 동안 줄곧 보에몽 등과 대립했다. 서로 상대편이 예루살렘 왕으로 즉위하는 것을 허용하지 않으려 했기 때문이다. 그리하여 전술했듯이 예루살렘 탈환 후 고드프리가 왕이 아니라 '성묘의 수호자'로서 예루살렘왕국을 통치하게 되었던 것이다.

기본 이념의 변질

이념의 약화 내지 변질 또한 십자군의 실패에 적지 않게 이바지했다. 위에서 간헐적으로 지적했지만 이교도로부터 성지를 회복하기 위해 시작한 종교전쟁은 점차 세속적 전쟁으로 변질되어 갔고 더불어 숭고한 이념도 점차 약화되어 갔던 것이다.

십자군원정은 회가 거듭될수록 서구 기독교도들로 하여금 동방세계에 대한 환상에서 깨어나게 했다. 이미 지적했지만 그들은 오래 전부터 동방을 이상향으로 여겨왔다. 미지의 동방세계는 전설이나 상상의 베일을 통해 낙원으로 미화되어 왔다. 그러나 현지에서의 체험은 그들로 하여금 '성지 곧 이상향'이란 관념을 버리게 했다. 성지에 대한 매력이 감소되면서 십자군 이념에서 성지 해방과 순례라는 요소가 점차 빠져나갔다. 그것은 십자군으로 하여금 성지가 있는 중동지역만이 아니라 가까운 지역에도 관심을 갖게 함으로써 제4회 십자군의 콘스탄티노플 침공을 초래했다. 요컨대 유럽인들은 동방세계, 특히 성지에 대한 환상에서 점차 깨어났고, 그것은 십자군운동의 기본 이념이 흔들리는 데에 영향을 끼쳤던 것이다.

후기 십자군의 한 특징은 종교적 성격이 엷어져간 반면 세속적 성격이 보다 짙어간 것이었는데, 제4회 십자군은 그 분수령이 되었다. 전술했듯이 제4회 십자군 이후 십자군운동에는 상업성이 현저히 작용했다. 사실 십자군의 상업주의적 행태는 그 전사들이 황금을 얻기 위해 무슬림들의 배를 톱으로 가르기도 한 제1회 십자군 때부터 시작되었다. 앞에서 이야기했지만 우르바누스 2세 또한 동방에 금은보화가 넘쳐난다는 점을 강조했다. 그리하여 십자군전사들 중에는 황금과 미녀에 대한 기대감을 갖고 나선 자들이 적지 않았던 것이다.

게다가 교황청의 불합리한 십자군 재정 운영 또한 십자군에 대한 열정에 손상을 끼쳤다. 인노켄티우스 3세는 기독교 교회와 모든 성직자에게 성지회복을 위한 헌금을 호소했다. 결국 제4회 라테란 종교회의에서 일반 성직자는 수입의 1/20을, 추기경은 1/10을 헌금하기로 결정했다. 이는 자발성을 원칙으로 했으나 사실 강제적 헌금이었다. 하지만 교황은 십자군기금을 자의적으로 사용했다. 예컨대 황제군과의 싸움, 이단인 알비파를 제거하는 일, 시칠리아정복 등에도 지불함으로써 '십자군세'의 의미와 성격을 변질시켰던 것이다.

이슬람세계에 대한 무지

십자군운동과 관련해서 간과할 수 없는 한 가지는 그것을 주도한 교황과 서유럽의 기사들 모두 외부 세계에 대해 무지했다는 점이다. 물론 회를 거듭할수록 조금씩 개선되기는 했지만 전체적으로 볼 때 십자군에 참가한 기사나 종군한 성직자들은 소수의 예외를 제외하고는 중동지역과 그곳에서 삶을 영위하던 아랍인과 셀주크 투르크족에 대해 아는 것이 별로 없었고, 그것은 물론 십자군이 실패로 끝나게 하는 데에 공헌했다. 왜 그런 불가해한 일이 일어났는가를 밝히는 것은 쉽지 않지만, 무엇보다도 기독교 유럽사회의 폐쇄성에 주목하게 된다.

8세기 이래의 성상파괴운동을 둘러싼 동서교회의 대립은 동·서 세계의 상호이해를 방해했다. 특히 1054년에 있은 교회의 공식적 분열은 비잔틴제국과 로마교회의 관계를 단절시켜 버렸다. 소원한 관계는 당연히 서구로 하여금 비잔틴제국을 통해 중동에 대한 정보를 얻는 것을 거의 불가능하게 했다. 거기다 이슬람 측의 레반트(시돈과 티루스 등을 중심으로 하는 동지중해지역) 장악 또한 서양인의 그 지역에 관한 정보 취득을 어렵게 했다. 이미 7세기 후엽부터 시작된 아랍의 지중해 및 비잔틴제국 침공은 사실 동지중해세계를 통한 동서의 교류를 거의 차단시켰다.

물론 9, 10세기에도 서양으로부터의 성지순례는 끊이지 않았지만 순례자들의 견문만으로는 동방에 대한 정확한 정보를 얻는 데 한계가 없지 않았다. 사실 이탈리아 도시들은 그런 중에도 동방에 관한 정보를 유럽세계에 지속적으로 제공했다. 베네치아·제노바·피사 등은 10세기 이전은 물론 이후에도 비잔티움과 교역한 것은 물론 레반트의 이슬람 측 항구들과 알렉산드리아 등에 진출해 아랍 무슬림들과 교역했다. 뿐만 아니라 지중해세계에 진출한 노르만인들 중에도 예루살렘을 여행하는 자들이 적지 않았는데 그들도 이탈리아인들과 마찬가지로 동방의 사정을 유럽에 소개했다. 그러나 전체적으로 볼 경우 서유럽인의 중동지역에 대한 지식은 역시 충분치 못했다.

유럽 사람들의 이슬람교에 대한 이해 또한 오류 투성이었다. 유럽인들은 무슬림들이 지중해세계를 장악한 이후 이베리아반도 등에서 이슬람교와 직접 접촉했지만, 그들의 이슬람교에 대한 인식은 흔히 황당무계한 상태를 벗어나지 못했다. 예컨대 이슬람교는 다신교이고 예언자 무함마드는 '적(敵)그리스도(Anti-Christ: 말세에 출현한다고 하는 그리스도의 적수, 「요한 1서」 2:18)로 인식되었던 것이다. 제2회 십자군에 참가해 참담한 패배를 경험한 프레이징의 오토 — 그는 『성·속의 역사』를 쓴 중세의 대표적 사가이기도 했다 — 에 이르러 비로소 이슬람교는 일신교이고 무함마드는 유일신 알라의 예언자임을 인지했다.[20]

요컨대 로마교회나 십자군전사들은 중동에 관한 정확하고 체계적인 지식을 갖지 못했고, 따라서 중동에 대해 심각한 편견과 선입견에서 벗어나지 못했던 것이다. 11세기에 이르기까지 서유럽은 사실상 외부와 단절된 세계였다. 기독교 또한 유럽의 폐쇄성에 이바지했다. 제1회 십자군의 '민중십자군'은 그런 폐쇄적 세계의 산물이라 해도 그리 틀리지 않을 것이다.

티루스의 윌리엄은 12세기 말에 십자군운동이 실패한 원인을 분석했다. 십자군원정이 아직 한창 진행 중인 때에 실패를 운위한 것도 흥미 있는 일이지만 실패의 원인을 구체적으로 제시한 것 또한 흥미롭다. 아래에서 그가 제시한 세 가지 원인을 간략히 소개한다.

윌리엄은 우선 사악하고 신앙심이 독실하지 못한 그 시대의 사람들을 탓했다. 그에 의하면 조상들은 신앙심이 깊고 신을 두려워한 데 반해 자기 시대에 이르러 '사악한 세대'가 성장했고, 결국 죄를 짓고 거짓 신앙을 하는 사람들이 일을 그르쳤다는 것이다. 그는 다음으로 비잔틴제국의 허약성을 들었다. 즉, 신앙에 열성적인 이전의 동방사람들은 군사적 일에 익숙하고 무기사용에 능숙했지만, 자기 시대의 동방사람들은 오랜 평화에 젖어 무기력해짐으로써 무기를 다룰 줄 모르게 되고 전투력을 상실했다는 것이다.

마지막으로 윌리엄이 가장 강조하는 것은 이슬람 세계가 결속했다는 사실이다. 말하자면 분열해 서로 싸우던 이슬람 세계가 한 사람의 지배자 아래에서 단결함으로써 전력이 강화되었다는 것이다. "그러나 이제 신이 바란 대로 우리와 인접한 왕국들이 한 사람의 권력 아래로 통합되었다. 기독교도를 역병만큼이나 혐오하는 악마며 최근에 죽은 누레딘의 아버지인 장기는 힘으로 여러 왕국들을 처음으로 정복하고, 우리가 기억하기로는 메데스의 찬란하고 유명한 세계도시인 에데사(라게스)를 살육했다."

윌리엄은 이슬람세계를 통합한 장기와 누레딘에 이어 무슬림을 하나로 결속시킴으로써 십자군과의 싸움을 유리하게 이끈 살라딘에 대해서도 이야기한다. "미천한 출신의 이 살라딘은, 운명이 그에게 매우 자비롭게 미소지었기 때문에 이제 왕국 전체를 그의 통제 아래 두었다. 그는 이집트와 그 주변지역으로부터 '오브리줌(obryzum)'으로 불린 상질의 순금을 매우 많이 획득했다. 다른 지역은 그에게 수없이 많은 기사, 전사, 황금을 쫓는 자들을 공급했다."21)

십자군운동의 영향과 역사적 평가

십자군운동이 유럽과 지중해세계에 끼친 영향

유럽 기독교도들의 십자군운동은 성지회복이라는 당초의
목적 달성에 실패하고 오히려 시간이 흐를수록 상업적 성격의
전쟁으로 변질되어 십자군이란 이름이 무색할 지경이었지만
정치, 경제, 종교, 문화 등에 심대한 영향을 끼쳤다. 서서히 작
용했지만 그것의 영향은 결국 중세의 문을 닫고 근대의 문을
열게 했다. 사가들이 십자군운동을 정점에 도달한 중세 유럽
의 소산물이었으되 중세를 붕괴의 길로 이끈 운동으로 보는
것도 그 때문이다.

경제적 영향

지중해는 200여 년에 걸친 십자군운동으로 인해 다시 유럽인의 활동무대가 되었다. 십자군은 비잔티움(콘스탄티노플)에서 보스포러스해협을 건너 소아시아로 가거나 베네치아와 제노바 같은 이탈리아의 항구들 혹은 남프랑스의 마르세유에서 지중해를 건넜다.

물론 각종의 군수물자도 지중해를 건너던 십자군과 함께 대량으로 운송되었다. 지중해는 다시 유럽인의 바다로 부활했고 더불어 지중해를 통한 원거리 해상교역이 재개되었다. 그리고 그렇게 부활한 지중해 원거리상업은 거의 동시에 등장한 서유럽 각지의 내륙시장들과 함께 유럽을 상업자본주의적 사회로 변모시켜 갔다.

앞에서 십자군운동의 기본이념이 변질되어 갔다고 말했지만, 상업적 성격의 십자군운동은 당연히 해상 및 내륙의 상업 발전을 촉진했다. 사실 십자군들 중의 일부는 시간이 지나면서 성지회복에 못지않게 귀금속이나 동방물산을 입수하는 데 열중했고, 그것은 결국 유럽사회에 상업적 기운을 조성하는 데 이바지했던 것이다. 이사키오스 2세와 알렉시오스 4세의 달콤한 제의에 혹해 이집트가 아니라 기독교국가 비잔틴제국으로 쳐들어간 제4회 십자군전쟁은 그것이 상업전쟁으로 변질한 것을 웅변해준다. 안나 콤네나에 따르면 경제적 동기는 제1회 십자군 때부터 작용했다. 그녀는 약삭빠른 보에몽 같은 사람들은 성지회복이라는 대의명분 외에 다른 하나의 비밀스런 동기가 있었는데, 그것은 바로 여행 중에 약간의 노력으로 재화를 얻을 수 있다는 희망이었다고 말한다.[22]

중세의 유럽인들은 후추, 육계(계수나무껍질), 박하, 장뇌(樟腦) 같은 향료를 비롯한 동방물산을 매우 좋아했고, 따라서 동방물산을 중계무역한 상인들은 보통 3, 4배에서 10배 이상의 이윤을 얻기도 했다. 비록 2, 3백 년 뒤의 일이지만 콜럼버스의 아메리카대륙 항해가 유럽인의 동방물산에 대한 기호를 잘 말해준다. 중계무역상을 거치지 않고 동방물산을 직접 수입하는 길을 개척해 이윤을 극대화하려 한 스페인 여왕 이사벨라와 동방물산을 직수입할 수 있는 동방항로를 개척할 수 있다고 믿은 콜럼버스의 합작품이 콜럼버스의 아메리카 대륙 항해였다.

근대 초에 포르투갈이 인도항로를 개척하는 과정에서 일어난 전쟁들을 '향료전쟁'으로 묘사하기도 하지만 동방의 향료, 특히 후추에 대한 유럽인들의 높은 기호는 십자군운동 때에도 약화되지 않았다. 사가들은 성지해방의 명분 뒤에 숨어있던 황금, 향료, 미녀 등에 대한 탐욕 또한 유럽의 기독교도들을 중동으로 불러들였던 것으로 인식한다.

은자 피에르가 농민십자군을 주도했던 것도 후추와 관련이 있다고 한다. 후추라면 사족을 못 쓸 정도였고 따라서 후추의 유혹을 뿌리칠 수 없던 피에르는 십자군을 조직해서 성지도 해방시키고 더불어 후추도 입수하기 위해 십자군을 모아 원정에 나섰고, 또한 그가 2만여 명의 십자군을 동원할 수 있었던 것도 유럽인들이 성지해방은 물론 후추를 좋아했기 때문이라는 것이다.

농경에 적절치 못한 땅에 터를 잡은 유럽인들은 주로 목축에 종사했고, 따라서 대체로 육류 위주의 식생활을 해왔다. 그리고 육식 위주의 식생활은 그들로 하여금 식탁에서 포도주와 함께 후추를 즐겨 찾게 했다. 그리하여 중세에는 양모와 함께 포도주와 후추가 가장 중요한 상품이 되었다. 후추는 특히 기호도가 워낙 높고 수요 또한 컸으므로 화폐 역할을 하기도 했으며, 심지어 일종의 쳐음제로도 사용되었다. 성직자들도 후추를 위해서라면 기꺼이 금고를 열었다고 한다.

물론 후추는 양모나 포도주와 달리 유럽에서 생산되지 않았고, 따라서 후추 중계무역은 황금알을 낳는 거위였다. 중동지역 통치자들의 변덕이나 고르지 못한 기후 혹은 해적 등으로 인해 교역이 순조롭게 이루어지지 못할 경우 후추가격이 급등한 것은 그러므로 놀라운 일이 아니다. 앞에서 어느 날 중동의 한 항구에 300여 명의 젊은 직업여성들이 상륙했다고 했지만, 그들은 매춘을 해서라도 후추를 얻어가려 했던 것이다.

당시 후추의 중계무역을 독점하다시피 한 사람들은 제노바와 베네치아 같은 이탈리아 상인들이었다. 그들은 알렉산드리아나 레반트 등지에 진출해 후추를 비롯한 동방물산을 중계무역했다. 그 무렵 후추시장으로 명성이 높았던 알렉산드리아에는 한 거리 혹은 한 구역 전체에 걸쳐 후추를 판매하는 시장이 있었다고 한다. 십자군을 따라 중동에 진출한 일부 상인들

은 이집트의 살라딘에게 무기를 팔고 귀국길에는 후추를 가져
와 큰돈을 벌었는가 하면 십자군 지휘관 중에는 후추를 비롯
한 동방물산을 취급하다 오히려 큰 손해를 입은 사람도 있었
던 것 같다.

정치적 영향

십자군운동은 정치적으로도 봉건제도를 무너뜨려 중앙집권
적 근대국가를 출현시키는 데 한 몫을 한 것으로 평가받기도 한
다. 봉건세력의 몰락 및 왕권의 강화를 십자군운동과 직접적으
로 연결하는 것은 이론의 여지를 남길지 모르나 장기적으로 볼
때 십자군운동이 중세 말 유럽사회의 정치적 발전에 직접적이
든 간접적이든 영향을 끼친 사실은 부정할 수 없을 것이다.

십자군운동은 참전한 봉건귀족들로 하여금 장기간 영지를
떠나 있게 함으로써 왕권의 강화와 정치적 안정에 어느 정도
기여했다. 우리는 국왕들이 십자군원정 전비(戰費) 마련을 위
해 직접 세금을 징수한 사실을 염두에 두어야 할 것이다. 국왕
들로 하여금 제한적이나마 중산층은 물론 귀족에게도 세금을
징수하는 선례를 만들어낼 수 있게 한 것은 십자군전쟁이었다.

십자군원정에 참여한 봉건귀족과 기사들은 영지경영을 소
홀히 할 수밖에 없었다. 특히 그들 중의 일부는 전사하거나 부
상을 당하는 불운을 겪기도 했다. 십자군으로 인해 생긴 채무
를 갚지 못해 파산하거나 오리엔트의 물산을 다량 구매했지만
잘못되어 파산하는 영주들도 있었다. 일부 영주들은 십자군

전비를 마련하기 위해 도시의 상공업자들에게 특허장을 팔기도 했다. 특허장을 구매한 도시는 물론 자치도시로 발전했다.

그처럼 십자군원정에 참가한 봉건귀족들이 입은 인적, 물적 손실은 적지 않았다. 더욱이 위에서 지적한 대로 십자군전쟁을 계기로 상업이 부활했고, 화폐 위주의 상업경제는 당연하지만 토지에 의존한 봉건귀족의 경제적 지위는 물론 정치적, 사회적 지위를 약화시켰다. 그리하여 봉건세력은 십자군전쟁을 겪으면서 경제적, 사회적, 정치적으로 서서히 몰락해간 반면 국왕의 권위는 신장되었다. 영주를 비롯한 봉건귀족의 성장으로 중세 군주들의 권위가 약화된 사실을 염두에 둘 경우, 봉건귀족의 지위가 흔들린 것이 왕권신장에 미친 영향을 짐작할 수 있을 것이다.

중세 말 근대 초의 봉건제도 붕괴와 중앙집권적 근대국가의 출현문제는 물론 중세사회 전체의 변화와 관련지어 인식해야 할 것이다. 하지만 십자군운동으로 인해 군주들이 제한적이나마 귀족에게도 과세할 수 있게 된 것, 상업의 부활로 화폐경제가 성장하기 시작한 것, 봉건귀족의 경제적·정치적 지위가 동요하기 시작한 것, 그리고 민족주의적 의식이 보다 강화된 것 등을 고려할 때 십자군운동이 중세 말의 정치적 발전에 끼친 영향을 외면할 수는 없을 것이다.

종교적 영향

십자군운동은 교황이 발의한 성전이었고, 따라서 종교적으로 지대한 영향을 끼친 것은 당연한 일이었다. 초기의 십자군 운동은 교황 우르바누스 2세로 하여금 야망을 어느 정도 달성할 수 있게 했다. 교황은 기독교세계에 대한 지도력을 보다 강화할 수 있었고, 또한 고위 성직자들에게 종교적 헌금을 부과할 수 있었다. 뿐만 아니라 비잔틴 교회와 제국에 대한 교황의 영향력도 증대되었다. 하지만 교황청이 초기에 거둔 소득은 시간이 흐르면서 커다란 손실로 바뀌어버렸다.

무엇보다도 십자군의 연이은 실패가 교황의 권위에 악영향을 끼쳤다. 교황이 신의 가호를 약속했음에도 불구하고 대부분의 십자군전사들은 줄곧 가혹한 시련과 죽음의 고통을 벗어날 수 없었다. 게다가 시간이 흐르면서 십자군의 동기도 종교적인 것에서 세속적인 것으로 바뀌어 갔다. 또한 위에서 지적했지만 유럽인들은 점차 성지와 동방세계에 대한 환상에서도 깨어났다. 시야가 넓어진 일부 십자군전사들은 교회가 강조한 것과 달리 아랍 무슬림들이 야만적이고 야수적인 사람들이 아닐 뿐만 아니라 더불어 공존할 수 있다는 사실을 발견했다. 실패가 거듭되면서 교황과 성직자들의 무능과 허상은 보다 명확히 드러난 반면 새로운 세계를 경험한 사람들은 보다 현실적으로 사유하게 되었던 것이다.

교황의 권위가 가시적으로 흔들리기 시작한 것은 특히 제4회 십자군부터였다. 사실 4회 십자군까지는 동·서 교회의 통합이라든가 성지회복이란 대의는 크게 흔들리지 않았다. 인노켄티우스 3세는 유럽의 군주들 위에 군림한 교황이었지만 자신이 주도한 제4회 십자군의 탈선을 막지 못함으로써 교황권의 한계를 노정(露呈)시켰던 것이다. 요컨대 십자군은 1차적 목적인 성지회복에는 물론 교황의 권위를 신장시키는 일에서도 실패했다. 십자군의 실패로 깊은 상처를 입은 교황청 앞에는 '아비뇽유수'와 '대분열'이 기다리고 있었다.

문화적 영향

기독교와 이슬람 세계는 비록 전쟁이지만 십자군운동을 통해 문물을 교류했다. 특히 유럽인은 셀주크 투르크족 및 아랍 무슬림들과의 접촉을 통해 지적 지평을 확대하고 이질적 문화에 적지 않게 자극받았다. 뿐만 아니라 서유럽세계는 비잔틴 제국의 문물에도 적지 않은 영향을 받았다.

물론 십자군운동이 이슬람문화와 비잔틴문화를 비로소 서구에 소개시킨 것은 아니었다. 서유럽과 비잔틴제국은 기복은 있었지만 줄곧 활발히 교류해 왔고 이슬람문화 또한 무슬림 지배하의 스페인과 시칠리아를 통해 이미 서유럽에 유입되어 왔다. 스페인이나 시칠리아의 유럽인은 여러 영역에서 무슬림들의 문화를 수용했다. 스페인의 톨레도에서는 12세기 전반에 클뤼니수도원장의 노력으로 『꾸란』의 번역이 이루어졌고, 13세기말에 이르러 아라곤의 서구인들 중에는 아랍어를 배우는 자가 적지 않았다. 당연하지만 건축이나 여타의 예술 부문에서도 이슬람양식이 낯설지 않게 되었다.

반면 십자군국가의 지배하에 있던 시리아나 팔레스타인으

로부터 유입된 이슬람문화의 영향은 비교적 미미했던 것으로 평가된다. 예컨대 알레포, 다마스쿠스, 바그다드 등 이슬람문화의 중심지 주변에서는 문화교류를 촉진하는 지적 활동이 활발히 이루어지지 않았다는 것이다. 뿐만 아니라 십자군의 예루살렘왕국 또한 문화적 폐쇄성이 컸던 것으로 평가받는다.

그럼에도 불구하고 십자군운동의 문화적 영향을 과소평가하는 것은 옳지 않을 것이다. 십자군원정 후 유럽의 성곽문화에 초래된 변화가 그것을 말해준다. 십자군 기사들은 이슬람세계로부터 석조 축성술을 배워 성(城)건축술을 향상시켰다. 유럽에 거대한 석조성곽이나 교회가 나타난 것은 대체로 십자군운동 이후였다. 석조성곽은 또한 유럽에 채굴, 호(壕)파기, 공성(攻城) 등의 기술을 보급시켰다. 유럽은 물론 여타의 건축에서도 영향을 받았다. 전술했듯이 그들은 생활방식이 상이한 세계에 접함으로써 시야를 넓힐 수 있었다. 다음 절에서 소개하듯이 중동에 눌러앉았던 일부 십자군전사들은 이슬람문화를 전면적으로 수용했다.

비잔틴제국과 이슬람제국에 끼친 영향

십자군전쟁은 비잔틴제국과 이슬람세계에도 심대한 영향을 끼쳤다. 십자군전쟁 이후 이슬람세계에서는 세력의 재편성이 이루어져 셀주크 투르크족 대신에 오스만 투르크족이 주인으로 등장했다. 그리고 이슬람교도에 대한 십자군의 필요 이상의 만행은 그들의 기독교와 기독교세계에 대한 적대의식과 증오감을 크게 증대시켰다. 뿐만 아니라 십자군은 비잔틴제국에 치명적 손상을 가해 더 이상 문화적 창조력을 발휘하지 못하게 했다. 비잔틴제국은 200여 년 후에 결국 비극적 최후를 맞았다.

약소국으로 전락한 비잔틴제국: 십자군전쟁 이후 재건된 비잔틴제국은 이전 제국의 그림자에 지나지 않은 것으로 평가받는다. 아래에서 이야기하듯이 알렉시오스 1세 콤네노스는 십자군이 비잔티움에 도착하자마자 서방에 원조를 요청한 것을 후회했다. 농민십자군은 물론 기사십자군도 폭도적, 약탈자적 행위를 서슴지 않았기 때문이다.

비잔틴제국의 운명을 결정적으로 바꾸어놓은 것은 물론 제4회 십자군이었다. 앞에서 간략히 살펴보았지만 1203년 7월에 비잔티움(콘스탄티노플)을 공격하여 점령했던 십자군은, 이사키오스 부자(父子)가 약속을 이행하지 못하고 있던 중에 궁중반란으로 피살되자, 1204년 3월에 베네치아와 더불어 제국을 분할하는 조약을 맺었다. 그리하여 십자군의 라틴인 황제가 비잔틴제국의 1/4을 차지하고 나머지 3/4을 베네치아인과 비(非)베네치아인이 균등히 차지하며 모든 전리품을 균등히 분배하게 되었다. 십자군은 1204년 4월 12일에 다시 비잔티움을 공격해 점령했다. 십자군과 베네치아인에게 점령된 비잔티움은 그들 탐욕스런 약탈자들의 수중에 떨어졌다.

결국 라틴제국과 가톨릭교 교구가 비잔티움에 세워졌다. 플랑드르의 볼드윈이 황제로 선출되었는데, 그의 후손들은 57년 간 존속한 라틴제국을 통치했다. 반면 대교구장은 베네치아의 몫이었다. 베네치아는 또한 가장 훌륭한 연안 도시와 섬들을 차지함으로써 무역로를 확보한 위에 제국의 상권을 장악했다. 프랑스 출신 귀족들도 그리스의 곳곳에 영지를 장만했다.

비잔틴움을 빼앗긴 그리스인들은 결국 테오도르 라스카리스의 지휘하에 보스포러스해협을 건너가 니케아를 수도로 삼아 제국을 연명시켰다. 그리스인들은 유럽의 에피루스와 소아시아의 트레비존드에도 나라를 세웠다.

라틴제국은 황제 볼드윈의 측근 귀족들과 베네치아인들이 실권을 장악한 데다 그리스인들의 충성을 획득하지 못했을 뿐 아니라 영토의 대부분이 여전히 그리스인의 손에 남아 있는 기묘한 나라였다. 제국은 적대적인 그리스인들에 둘러싸여 있은 데다 불가리아가 북쪽 국경을 위협해 정국이 매우 불안정했다. 불가리아와의 싸움에 패한 황제 볼드윈은 결국 불가리아의 감옥에서 살해되었다.

미카일 8세 팔라이오로고스(1261~1282)와 그리스인들은 1261년에 결국 비잔티움을 회복했다. 그때 비잔티움에서 축출된 라틴인들은 아테네와 펠로폰네소스 등지로 옮겨가 작은 공국들을 세웠다. 그처럼 비잔틴제국은 재건되었으나 비잔티움과 그 주변지역만을 보유한 소국에 지나지 않았다. 그리스의 일부 지역은 여전히 라틴인들의 수중에 있었고 북쪽에서는 불가리아와 세르비아가 위협했다. 1350년경에는 그리스의 왕으로 자처한 세르비아 왕 스테판 듀산에게 비잔티움이 점령되는 굴욕을 겪었으나 그가 급사해 위기에서 벗어나기도 했다. 그리고 비잔틴제국은 1453년에 결국 오스만제국에 무릎을 꿇었다.

이슬람세계가 받은 영향: 십자군전쟁이 이슬람세계에 미친 영향은 아주 복잡하여 간략히 정리하기가 쉽지 않다. 정치적 분열과 지역적 대립성으로 인해 이슬람세계의 십자군에 대한 태도는 지역에 따라 달랐다. 그러나 전체적으로 볼 경우 다음 몇가지로 요약할 수 있다.

첫째, 적어도 초기의 경우 이슬람 측은 십자군에 대해 거의 무지했다는 것이다. 아랍어의 '십자군' 대응어(對應語)인 '십자가를 위한 전쟁(hurūb al-salibiyya)'은 상당한 시간이 흐른 오스만제국 때에야 등장했다. 또한 무슬림들에게 있어서 십자군 전사들은 바로 '프랑키'(franci: firandja, 그들이 2세기 동안 간헐적으로 싸워 온 비잔틴제국의 병사와 같은 개념의 낱말)였고 종교가 아니라 민족 내지 인종의 의미로 인식되었다.[23] 말하자면 무슬림들은 처음에는 비잔틴제국의 군대와 십자군을 구분하지 못했고, 또한 십자군이 갖는 종교적 성격도 알지 못했다는 것이다.

무슬림들, 특히 시리아와 팔레스타인으로 진출한 셀주크 투르크족은 그 지역의 토착 기독교도의 운명이나 유럽 순례자들의 지위가 기본적으로 변하지 않았는데도 십자군이라는 유럽측의 새롭고 매우 호전적인 존재의 출현에 매우 당황했다. 그들은 그러므로 십자군을 정확히 이해하는 데 시간이 필요했고, 저항을 위한 군사조직을 갖추는 데는 더 많은 시간이 필요했다.

둘째, 십자군은 투르크족 무슬림들로 하여금 결국 성전의식으로 무장하게 했고, 따라서 그들로 하여금 기독교도에 대한 관용을 포기하게 했다는 것이다. 앞에서 보았듯이, 아랍 무슬림들은 지중해세계 도처에서 오랫동안 기독교세계와 싸웠지만 기독교도에 대해 비교적 관용적이었다. 하지만 아랍과 투르크족 무슬림들은 십자군과 생존을 위한 처절한 싸움을 벌여야 했다. 거기다 아랍과 투르크족 무슬림 모두 십자군의 지나친 만행에 분노했다. 십자군전쟁을 겪으면서 무슬림들은 기독교도에 대한 이전의 관용적 태도를 버렸다. 그리하여 십자군전쟁 이후 이슬람세계와 기독교세계는 이전보다 더 격렬하게 대립하게 되었고, 특히 동지중해세계는 두 세계의 첨예한 대립의 무대로 변했다.

셋째, 십자군전쟁 이후 셀주크 투르크족은 쇠망했다는 사실이다. 그들을 몰락으로 이끈 주적(主敵)은 몽골족이었지만 십자군도 그들의 쇠망에 일조했다. 셀주크 투르크족은 1097년에 1회 십자군과의 첫 싸움에서 패한 이래 수차례의 전투에서 패했다. 물론 그들은 패전 못지않게 승리도 기록했다. 특히 1101년의 프랑스군과의 싸움 및 1178년의 비잔틴군과의 싸움은 셀주크 투르크군이 승리한 대표적 전투였다.

사실 전후 8회에 걸친 십자군의 원정은 셀주크 투르크족에게 치명적인 손상을 주지 못한 것으로 평가된다. 물론 십자군은 분명히 그들로 하여금 국력을 소모케 하고 나아가 국가적 통일을 다지고 영토를 넓히는 일에 매진할 수 없게 했지만 그들을 멸망으로 이끌 만큼 치명적인 타격을 가하지는 못했다는 것이다. 셀주크 투르크제국을 몰락으로 이끈 것은 오히려 내분과 몽골족의 침략이었다. 즉, 술탄 케이후슬라브 2세가 권력을 강화하는 과정에서 유력자들의 저항을 불러왔고, 그런 상황을 이용하여 예언자로 자칭한 바바 일리아스와 그를 이은 바바 이샤크가 다수의 추종자를 모아 1239년에 반란을 일으켰던 것이다. 그들의 반란은 다음해에 진압되었으나 반란의 후유증은 쉽게 치유되지 않았다.

보다 치명적인 것은 반란의 악몽이 채 사라지기도 전에 몽골족이 침공한 것이었다. 아제르바이잔을 근거지로 삼고 있던 몽골족은 쾨세다으전투에서 그들에게 결정적 패배를 안겨주었다(1243). 이후 쇠퇴의 길을 걸은 셀주크 투르크족은 1256년에 다시 몽골군에 패배한 후 몽골에 예속되었고, 13세기 말경에 이르러 결국 여러 투르크 부족들이 할거하는 상황이 되었다. 그리고 그들 중에서 오스만 투르크족이 점차 강성하여 셀주크 투르크족에 이어 이슬람세계의 주인으로 행세했다. 그리고 지중해의 기독교세계는 다시 위기에 봉착하게 된다.[24]

십자군의 두 얼굴: 신의 군병인가 약탈자인가?

십자군전사들은 문자 그대로 신의 소명을 받아 거룩하고

성스러운 사명을 수행한 '신의 군병들'이었는가? 혹은 약탈과 살육을 거리낌 없이 자행한 폭도들이었는가? 이교도로부터 성지를 회복하는 위험한 원정임을 염두에 두어야 하겠지만, 십자군전사들의 행적에서 가장 두드러진 것은 약탈과 살육이었다고 해도 과언이 아닐 것이다. 십자군은 이슬람교도들은 물론 유대교도들에게도 갖가지 악행을 저질렀다. 그들이 전투를 치른 곳에 남긴 것은 폐허와 증오심이었다.

십자군의 만행은 이미 1회 십자군부터 시작되었다. 1096년 여름과 가을에 팔레스타인을 향해 발진한 십자군은 예루살렘에 도달할 때까지 3여 년 동안 생사를 넘나드는 전투를 수 없이 치르면서 많은 피를 흘렸지만, 예루살렘으로 진격하는 과정에서는 물론 예루살렘을 장악한 후에도 살상과 약탈을 자행했다.

동·서 세계의 융합

물론 십자군과 무슬림의 만남이 반드시 살육과 약탈 일변도로만 시종한 것은 아니었다. 당연한 현상이지만 충돌은 인적, 물적 교류를 낳기도 했다. 이슬람세계의 문물에 끌리거나 심취한 십자군전사들도 있었다. 십자군전사들 사이에서는 서방도 동방도 아닌 새로운 세계, 곧 동양과 서양을 혼합한 세계가 나타나기도 했다. 대부분의 십자군전사들은 그렇지 않았지만 이슬람 땅에 정착해 살기 위해 원정에 참여한 십자군전사도 있었는데, 그들에 의해 동서의 융합이 미미하게나마 이루

어졌다. 심지어 서양의 기독교도와 무슬림이 결혼하여 혼혈아
가 태어나기도 했다. 어느 십자군병사가 한 말이 그것을 증명
해준다.

하나님은 서방을 동방에 주입하셨다. 서방인인 우리는 지
금 동방인이다. 로마인이나 프랑크인이었던 사람이 이제는
갈릴레아인이 되거나 팔레스타인인이 되었다. 렝스나 사르
트르에서 온 사람이 이제는 타르인이거나 안티오키아인이
다. 우리는 모두가 고향 땅을 완전히 잊어버렸다. 고향 땅은
우리에게 낯선 땅이 되고 말았다.[25)]

이슬람 측의 한 전사(戰士)도 12세기에 십자군의 막사에서
이루어진 동·서양의 융합과 관련해 매우 시사적인 이야기를
남겼다. 시리아 출신인 그 전사의 이야기를 아래에 소개한다.

나는 예루살렘을 방문할 때마다 언제나 프랑스인들이 교
회로 바꾼 이슬람교 사원 아크샤에 들어간다. 나의 친구들
인 성전기사(聖殿騎士)들은 내가 기도할 수 있도록 그 옆의
조그마한 사원을 비워준다. 어느 날 내가 그 사원에 들어가
서 "알라는 위대하시다"는 제일 기도문을 되풀이 암송하며
기도하는 자세로 서 있으니까, 한 프랑스인이 나에게로 달
려와선 나를 붙잡고 나의 얼굴을 동쪽으로 돌리면서 "바로
이렇게 기도하는 거야"라고 말했다. 일단의 성전기사들이

달려와 그를 나로부터 떼어놓았다. 그들은 "그는 프랑스에서 온 지 얼마 되지 않았기 때문에 동쪽을 향해 기도하지 않는 사람을 보지 못한 사람이다"라고 말하면서 나에게 사과했다.[26]

특수한 사례이기는 하나 프랑스인들 중에는 오랫동안 안티오키아에서 이슬람교도와 접촉하는 사이에 그들의 생활습속에 익숙해진 자도 있었다. 전역(轉役)한 후 그곳에서 영지(領地)를 장만한 한 프랑스 출신 기사는 이집트 요리만을 먹었다고 한다. 그는 "나는 프랑스의 요리는 먹지 않는다. 이집트여자 요리사를 두고 있는데, 그 여자가 요리한 음식이 아니면 먹지 않는다. 뿐만 아니라 돼지고기는 우리 집 부엌에 절대로 들여놓지 못 한다"고 말했다는 것이다.

전쟁도 사람과 사람 혹은 문물과 문물이 만나고 부딪치는 일임을, 또한 십자군원정이 오랜 시일에 걸친 것이었음을 염두에 둘 때 양측의 음식이나 풍속이 교류되고 일부 사례에 불과하지만 인적 교류가 이루어진 점을 이해할 수 있다.

예루살렘에 정착한 십자군전사 중에는 아랍인을 고용하거나, 이슬람교도와 함께 무술시합이나 사냥을 하거나, 기독교와 이슬람교의 신학에 관해 토론하는 사람들도 있었다. 안티오키아의 십자군 출신 기독교도 군주는 화폐를 주조하면서 무슬림 양식의 터번을 쓴 자신의 모습을 화폐에 새겨 넣은 다음 그리스어로 자신을 이슬람교의 '대공(大公)'이라 써넣었다. 베네치아인이 주조한 예루살렘왕국[27)의 화폐에는 아랍어로 『꾸란』의 구절을 새겨 넣은 것도 있었다.

도를 넘은 십자군의 만행

그러나 우리는 약탈과 살육 등 십자군이 저지른 숱한 만행에 대한 기록도 염두에 두어야 한다. 십자군운동은 앞에서 지적했듯이 종교와 상업 혹은 신앙심과 탐욕심의 결합이라는 것으로 변질해 갔다. 일부 학자들의 설명에 의하면 십자군운동을 발의하고 십자군에 참여하도록 격려하고 고무한 자들 중에는 성지탈환 외에도 동방의 금은과 미녀를 전리품으로 내걸었던 사람도 있었다.

교황 우르바누스 2세 또한 십자군원정에 참여하도록 호소하면서 동방이 부유한 세계라는 사실을 잊지 않고 강조했다. 말하자면 십자군전사들 중에는 성지도 순례하고 더불어 면죄부도 얻게 된다는 것에는 물론 물질적 획득에 대한 욕망과 이국여성에 대한 막연한 기대감에 끌려 참전한 자들이 적지 않았다는 것이다.

거기다 십자군은 흔히 적절한 보급물자나 전비를 마련하지 못한 상태에서 출정하였기 때문에 그들이 통과하는 지역이나 그들에게 점령된 지역의 피해는 더 컸다. 제1회 십자군의 경우에도 에데사에서 안티오키아로 진군하는 도중에 보급물자 부족으로 큰 고통을 받았다. 아래에서 보듯이 다수의 군마(軍馬)가 굶어 죽었고 병사들도 굶주려 쓰러지는 상태에서 죽음의 행군을 하기도 했다.

십자군의 굶주림: 1차 십자군에 관한 익명의 한 문헌은 십자
군이 안티오키아를 포위하기 얼마 전의 비참한 상황을 전해준
다. "우리는 [1097년 7월에서 8월에] 매일 우리 앞에서 도망
치는 가장 사악한 투르크인들을 계속해서 밀어붙쳤다. (중략)
그리고 우리는 그들을 우리가 방금 벗어나 생명을 구할 물도
없고 사람도 살지 않는 사막으로 내몰았다. 갈증과 배고픔이
사방에서 우리를 조여 왔고, 양손으로 비빈 가시나무 외에는
먹을 것이라곤 아무 것도 없었다."

문헌은 계속하여 십자군의 참상을 들려준다. "우리는 가련
하기 짝이 없었다. 그곳에서 우리의 군마들이 죽어 넘어졌고,
우리의 기사들은 보병이 되어야 했다. 그리고 말이 부족했기
때문에 소가 말을 대신했으며, 염소와 양과 개들이 절박한 상
태에서 이용되었다. 그 후 우리는 먹을 것과 쾌락과 온갖 좋은
것이 풍부한 낙원으로 들어왔고, 이어 이코니움으로 진격했
다."[28] 굶주린 십자군들이 먹을 것과 즐길 것을 발견한 다음
취했을 행위를 짐작하는 것은 그리 어려운 일이 아닐 것이다.

십자군의 악행은 앞에서 지적했지만 제1회 때부터 부족함
이 없을 정도로 발휘되었다. 그들의 만행은 아시아에 도달하
기 전에 이미 유럽에서부터 시작되었다. 은자 피에르가 프랑
스와 독일 등지에서 모은 1만 5천 내지 2만여 명의 농민십자
군은 1096년에 라인강을 거슬러 올라가 헝가리로 들어갔다.

통과하는 지역의 주민들과 자주 충돌한 그들은 헝가리에서는 폭동을 일으켜 4천여 명의 헝가리인을 죽였다.

비잔틴제국 북쪽의 요충지 베오그라드에 진입한 농민십자 군은 거기서도 재물을 약탈하고 심지어 교회의 동판(銅板)지 붕까지 탈취해 비잔틴인들을 놀라게 한 후 비잔티움을 거쳐 소아시아로 건너갔다. 하지만 저희들끼리 싸우는가 하면 기독 교도들도 마구잡이로 살육한 그 오합지졸 집단은 셀주크 투르 크족에게 패해 전멸하고 말았다.

고드프리와 보에몽 등이 지휘한 제1회 기사십자군도 별로 다르지 않았다. 그들은 장비도 어느 정도 갖추었고 군율도 비 교적 엄격했지만 보스포러스 해협을 건너기도 전에 본색을 드 러냈다. 그들은 우선 비잔티움 시민에게 고통을 주었다. 비잔 티움에 도착한 고드프리 휘하의 십자군은 먼저 도착한 십자군 부대의 지휘관이 비잔틴제국에 의해 감금되었다는 불확실한 소문을 듣고 보복의 한 방법으로 농촌 지역을 파괴하고 약탈하 기 시작했다. 그들은 그 후에도 주둔지에 불을 지르고 약탈했다.

십자군이 자신의 교구를 통과면서 자행한 약탈과 만행을 목격한 비잔티움대주교는 "프랑크인들은 침략 – 또는 무엇이 라 부르든 상관없다 – 의 길에서 우리 모두를 쥐어짜고 뒤집 어엎었다. (중략) 그들의 모욕에 익숙해짐에 따라 전보다 더 쉽 게 곤경을 참을 수 있게 되었다"[29]는 기록을 남겼다. 우르바 누스 2세에게 원조를 요청했던 비잔틴제국의 알렉시오스 1세 는 무례한 십자군을 달래기 위해 선물을 주는가 하면 때로는 식량 공급을 중단하기도 했다고 한다.

앞에서 소개한 1회 십자군에 관한 문헌은 고드프리와 보에 몽 휘하의 십자군이 안티오키아에서 자행한 일들을 고발한다.

> 투르크인들은 동족의 시체와 함께 옷가지, 금화인 베잔트 (bezant)화, 금붙이, 활과 화살, 그리고 이름을 알 수 없는 물 건들을 묻었다. 투르크인들이 시체를 묻었다는 사실을 알게 된 우리 십자군전사들은 무시무시한 장비를 준비해 달려갔 다. 그들은 무덤을 파헤치도록 명령한 다음 매장품을 들어 내었다. 그들은 모든 시체를 개울에 던져 넣었고 몇 개인지 알 수 없이 머리를 잘라 막사로 옮겼다. (중략) 그 광경을 본 투르크인들은 매우 슬퍼하였으며, 그날은 눈물과 절규 외에는 아무 것도 할 수 없어 죽은 자들을 애도했다.[30]

'신에게 영광 돌리기 위해' 출전한 그들 십자군들이 신의 전당에 바친 제물도 대개 피로 얼룩진 약탈품이었다. 그들은 물욕이 명하는 바에 따라 자행한 약탈행위도 거룩한 일인 양 자위했고, 따라서 거리낌없이 살인과 약탈을 자행할 수 있었 다. 앞에서 소개한 1회 십자군사(史)에 따르면 남이탈리아 출 신의 보에몽이 지휘한 한 십자군부대는 안티오키아 부근인 마 라에서 그들의 야수성을 한껏 자랑했다.

마라에서의 만행: 황혼 무렵에 마라에 도착한 십자군전사들은

성벽을 넘은 후 학살극과 약탈극을 벌였다. 시체를 넘지 않고는 한 발도 내디딜 수 없는 상황이었다. 그들은 아랍인 수령들에게 "살고 싶은 자는 부녀자를 데리고 궁전으로 피하라"고 말한 다음 궁전으로 난입해 살상과 약탈을 자행했고 노예로 팔기 위해 다수의 사람들을 생포했다. 아랍인들이 약탈을 피하기 위해 황금을 삼킨다는 소문을 들은 십자군들은 시체의 배를 칼이나 톱으로 가르기도 했다. 아래에서 좀 더 구체적으로 소개한다.

우리가 성 밑에 호를 파는 것을 본 사라센인들은 공포에 질려 시내로 도망쳤다. 그 모든 것은 [1098] 12월 11일 토요일 황혼에 일어났다. 보에몽은 통역자를 사라센 족장들에게 보내 여자와 어린애와 식솔들을 거느리고 성문 위의 궁전으로 피할 경우 살려주겠다고 했다. 그런 다음 우리의 전사들 모두는 시내로 들어가 집들을 샅샅이 뒤져 값나가는 것은 무엇이든 손에 넣었다. 날이 밝자 그들은 어디서 찾아내었든, 남자든 여자든 적들을 죽였다. 도시의 어느 구석도 사라센인의 시체로 넘쳐나지 않는 곳이 없었고, 시체들을 밟지 않고는 어떤 거리도 지나갈 수 없었다.

제1회 십자군사의 기록은 더 이어진다.

보에몽은 드디어 자신이 궁전으로 피신케 한 사람들을

포로로 잡아 금, 은, 장식품 등을 모조리 빼앗은 다음 일부
는 살해하고 나머지는 안티오키아로 끌고 가 노예로 팔게
했다. 프랑스인들은 한 달과 4일 동안 그 도시에 머물렀는
데, 그 사이 오렌지의 주교가 죽었다. (중략) (아무 것도 손
에 넣지 못한) 십자군전사들은 시체의 배를 톱으로 갈랐는
데, 이는 그들이 시체의 배에 숨겨진 베잔트화를 발견했기
때문이다. 일부 전사들은 시체를 먹기 위해 조각내어 요리
하기도 했다.[31]

예루살렘에 입성한 후에도 십자군의 만행은 그치지 않았다.
6주간의 전투 동안 십자군은 노약자와 부녀자를 가릴 것 없이
닥치는 대로 빼앗고 학살했다. 일설에는 예루살렘에서만 4만
7천여 명의 유대인과 아랍인들이 피살되었다고 한다. 1만 명
이 살육당한 솔로몬사원의 바닥은 발목까지 찰 정도로 피가
고여 있었다고 한다.

　　제1회 십자군사에 나오는 다음 구절이 그것을 입증해준다.

　　[1099년 7월 15일]에 그 도시에 들어서자 우리 순례자들
　　은 (사라센인들이 그곳에 모여) 온종일 격렬히 저항했던 솔
　　로몬사원에 들어가 사라센인들을 죽였는데, 피가 사원 전체
　　에 넘쳐흘렀다. 결국 이교도들을 정복한 우리 기사들은 많
　　은 수의 남녀를 사로잡았고, 목숨을 애걸하는 자들까지 모
　　두 죽였다. (중략) 십자군전사들은 곧바로 시가를 휩쓸고 다

니면서 황금, 은, 말과 노새, 잡다한 물건들이 있는 저택을 손에 넣었다. 우리의 전사들은 그런 다음 극도의 홍분상태에서 환호하고 울면서 우리의 구세주 예수의 무덤으로 달려가 예배했는데, 그로써 주에게 한 그들의 맹세를 지켰다.[32]

십자군전사들의 그런 만행은 3회 십자군 직전에 예루살렘을 점령한 살라딘이 파괴와 살상을 금지한 것과 비교된다. 그때 살라딘은 남자는 금화 10닢, 여자는 5닢, 어린아이는 2닢을 몸값으로 지불할 경우 풀어주었고 몸값을 지불할 능력이 없는 가난한 사람이나 전사자의 미망인과 고아에게는 살라딘 자신이 몸값을 대신 지불했다고 한다.

십자군에 종군한 프랑스 출신의 한 성직자도 다음과 같은 기록을 남겼다. "예루살렘의 큰 거리나 광장에는 사람의 머리나 팔다리가 산더미처럼 쌓여 있었다. 십자군전사나 기사들은 시체를 아랑곳하지 않고 전진했다. (중략) 신전이나 회랑은 물론 기사가 잡은 말고삐까지 피로 붉게 물들었다."

12세기의 어느 아랍인도 십자군전사들이 어떤 사람들이었는지를 생생히 알게 해준다. 그 아랍인은 귀국하는 한 프랑스인 십자군전사로부터 자기 아들의 프랑스 유학을 권고받을 정도로 그 병사와 친했던 것 같다. 그는 "프랑스인을 생각할 때 우리들은 알라를 찬양하지 않을 수 없다. 왜냐하면 알라가 그들을 만용과 싸우는 능력 이외는 아무런 것도 가지지 못한 동물로 만들어내셨기 때문이다"[33]고 말한다. 그의 눈에 비친 십자군은 탐욕스런 살인자며 간통할 상대만을 찾는 악마였다.

제4회 십자군이 두드러진 사례지만 비잔틴인들도 십자군의 만행에 고통받았다. 위에서 소개한 알렉시오스 1세의 공주 안나 콤네나는 십자군들을 절제할 줄 모르는 야만적 무뢰한들로 묘사했다. 그녀에 따르면 알렉시오스 1세는 제1회 십자군이 비잔티움에 도착하자마자 군사적 원조를 요청한 것을 후회했다고 한다.

물론 십자군의 눈에 비친 그리스인들 또한 문화인들만은 아니었다. 한 십자군전사는 "그리스인들은 깡그리 여자로 퇴화했다. 말과 정신에서 모든 남성적 용기를 버린 그들은 우리를 즐겁게 할 것으로 생각되면 무엇이든 하겠다고 가볍게 맹세하나 그들은 우리에게 한 약속을 지키지 않으며 자존심도 버린다"[34]고 말했다.

알렉시오스 1세는 십자군전사들의 불가항력적 공격방법, 그들의 침착하지 못하고 유동적인 성격, 프랑크족이 하나같이 자랑한 유별나게 미개하고 상반된 성격을 알았기 때문에, 그리고 그들이 항상 돈을 추구한다는 것을 알았기 때문에 그들의 도착을 두려워하였다고 한다. 십자군들은 그들을 자극하지 않으려고 신중하게 처신한 황제에게 다투어 알현을 청하고 하위 병사들도 제국의 고위관리들에게 함부로 수작을 걸었다는 것이다. 비잔틴제국은 앞에서 지적했듯이 제4회 십자군으로 인해 붕괴되고 왕성했던 문화창조력도 상실해 버렸다.

십자군운동의 역사적 평가

봉건적 질서와 기독교정신의 결합물로 평가받는 십자군운동이야말로 기독교정신이 낳은 것이었다. 십자군전사들이 '꿀과 젖이 흐르는' 팔레스타인이란 환상에 자극받은 것은 분명하지만 십자군은 본질적으로 신앙심이 불러온 원정이었다. 십자군 전체가 그러하지만 특히 농민십자군과 소년소녀십자군은 종교적 열정이 십자군운동의 추진력이었다는 사실을 웅변해준다. 앞에서 이야기했듯이 세월과 더불어 십자군에도 물질주의의 때가 끼어갔지만 적어도 초기의 십자군에는 상업적 요소가 크게 작용하지 않은 것으로 평가된다.

십자군은 또한 기사도(騎士道)의 소산물이기도 했다. 십자군의 지휘부를 구성한 기사들 및 성묘기사단과 병원기사단 기사들이 입증해주지만, 십자군에 참전한 기사들은 신앙심에서나 용맹성에 있어서 조금도 부족함이 없었다. 비잔티움을 약탈한 제4회 십자군전사 등 예외가 없지는 않았지만 십자군 기사들은 중세의 기사도정신을 실천하기 위해 노력했다고 말해도 좋을 것이다.

십자군운동은 총체적 실패를 기록한 데다 십자군전사들의 일탈행위, 이슬람세계와 기독교세계 간의 대립의 심화 등 많은 부작용을 남긴 전쟁이었다. 부정적으로 평가하는 사람들은 인명·에너지·시간·자원의 무익한 낭비였을 뿐이며, 중동지역을 회복하기는커녕 종교적 불관용과 박해를 크게 자극하여 중동으로의 순례여행을 더욱 어렵게 하고 동유럽의 기독교도들을 더 큰 곤경에 빠뜨렸다고 말한다. 그들에 따르면 십자군운동은 영적 문제를 무력에 잘못 호소한 행위이고, 따라서 시간이 지날수록 더욱 물질적·세속적으로 변해 갔다는 것이다.

그러나 십자군운동을 긍정적으로 평가하는 사가들도 적지 않다. 그들은 십자군을 이상주의, 신앙, 영웅주의의 발현으로 평가한다. 서유럽 중심적 평가이지만, 그들에 의하면 십자군은 무슬림의 비잔티움 및 발칸반도 정복을 지연시켰고, 나아가 기독교를 처음으로 유럽 이외 지역으로의 확산시켰다. 그리고 십자군은 정치·경제·문화 등 여러 면에서 서구의 진보를 촉진시켰다는 것이다.[35]

200여 년에 걸친 십자군원정은, 유럽 기독교세계로 하여금 일시적으로 지중해를 되찾게 했지만, 기독교세계와 이슬람세계의 대립을 심화시키고 증오심을 증대시켰다. 전술했듯이 원래 무슬림은 그들이 정복한 땅의 기독교도와 유대교도들에게 비교적 관용적이었다. 하지만 십자군전쟁 동안 무슬림의 기독교에 대한 적개심은 최고조에 달했고, 이후 두 종교는 화해는커녕 서로 상대의 존재마저 인정하지 않으려는 상황으로 발전했다.

십자군의 무슬림에 대한 가혹한 행위는 당연하지만 투르크와 아랍 사람들로 하여금 기독교도들을 관용하지 않게 했다. 적지 않은 사가들은, 오늘날의 이슬람세계의 유대·기독교세계에 대한 적대의식이 십자군에서 비롯된 것으로 진단한다. 십자군은 무슬림들에게 그만큼 깊은 상처를 남겼던 것이다.

투르크족과 몽골족도 책임이 있지만 십자군은 지적, 문화적 관심의 폭에서 서유럽의 그것보다 우월했던 아랍의 도시문화를 파괴했다. 그리하여 십자군원정이 끝날 무렵에는 아랍의 지적, 문화적 창조력이 서양으로 옮겨갔고, 서양은 100여 년 후에 이탈리아를 필두로 르네상스문화를 발전시켰다.[36]

주

1) François L. Ganshof, *Feudalism*, trans. P. Grierson(London, 1952), pp.59~60.

2) 군주나 교황의 이름 뒤의 ( ) 안에 넣은 연대는 모두 재위 연대이나 번거로움을 피해 '재위' 표기를 생략함.

3) cf. N. F. Cantor and S. Berner eds., *Early Modern Europe 1500~1815*, 진원숙 옮김, 『서양 근대사 1500~1815』(혜안, 2000), p.27, 37.

4) N. F. Cantor and S. Burns(eds.), *Ancient and Medieval Europe To 1500(New York, 1970)*, pp.274~275.

5) 콘스탄티누스 황제가 신의 가호로 나병에서 치유되고 황제가 된 것에 감사하기 위해 로마교회에 땅을 떼어주고 고위 성직자들을 고위 관직에 임명하는 등 여러 가지 특전을 베풀었다는 사실을 기록한 문서. 하지만 15세기에 이르러 그 기진장은 위작(僞作)임이 밝혀졌다.

6) K. M. Setton and H. Winkler(eds.), *Great Problems in European Civilization* 지동식 외 옮김, 『서양문명의 제문제』(상)(법문사, 1978), pp.148~152.

7) '셀주크'란 명칭은 10세기경에 중앙아시아로부터 남부 러시아를 지나 이슬람제국 안으로의 이주를 주도한 한 가문의 이름이었다. B. Lewis, *The Middle East*, 이희수 옮김, 『중동의 역사』(까치글방, 1998), pp.95~96.

8) 투그룰(Tuğrul)은 셀주크 투르크족의 지배자를 의미함. 유목민인 투르크족은 사냥에 관계되는 용어를 많이 사용했는데 투그룰도 원래는 참매를 뜻하는 말이었다고 함.

9) cf. James B. Ross and Mary M. McLaughlin(eds.), *The Portable Medieval Reader*(Penguin Books, 1977), pp.430~437.

10) cf. 岩波講座, 『世界歷史』(10)(岩波書店, 1970), pp.97~98.

11) cf. 지동식 외 옮김, 『서양문명의 제문제』(상), pp.152~168. 샤르트르의 쉴세, 수도사 로베르, 부르게유의 발드릭, 노장의 기베르 등 4인이 우르바누스 2세가 클레르몽 종교회의에서

행한 연설을 기록하고 있으나 각기 자신이 십자군 관념에 따라 그 시대 사람들의 심정을 대변하고 있다. 하지만 각자의 십자군에 대한 주관이 개재되어 있어 서로 적지 않은 상이성을 노정한다. 수도사 로베르에 따르면 교황은 '신이 그것을 바란다'고 말했고 회중은 열광했다.

12) C. Brinton and Others, *A History of Civilization*, 양병우 외 옮김, 『세계문화사』(상), p.535 재인용.

13) cf. 岩波講座, 같은 책, pp.104-105.

14) cf. 岩波講座, 같은 책, pp.98-99.

15) cf. 岩波講座, 같은 책, p.108.

16) 양병우 외 옮김, 같은 책, p.562 재인용.

17) cf. 岩波講座, 같은 책, p.112.

18) 아브라함과 하갈(Hagar) 사이에서 태어난 이스마일(Ismael)의 후손들, 즉 아랍인(사라센인)들을 의미함.

19) 지동식 외 옮김, 같은 책, p.170.

20) cf. 岩波講座, 같은 책, p.124, 126.

21) J. B. Ross and M. M. McLaughlin(eds.), *The Portable Medieval Reader*(Penguin Books, 1977), pp.455-457.

22) 지동식 외 옮김, 같은 책, p.171.

23) cf. 岩波講座, 『世界歷史』(10), p.120.

24) 이희수, 『터키사』(대한교과서주식회사, 1993), pp.286-291.

25) 양병우 외 옮김, 같은 책, p.552 재인용.

26) Ross and McLaughlin(eds.), 같은 책, p.450.

27) 안티오키아왕국이니 예루살렘왕국이니 하는 왕국들은 십자군이 정복지에 세운 기독교왕국이었다.

28) Ross and McLaughlin(eds.),같은 책, p.440.

29) 양병우 외 옮김, 같은 책, p.541 재인용.

30) Ross and McLaughlin(eds.), 같은 책, pp. 441-442.

31) Ross and McLaughlin(eds.), 같은 책, p.442.

32) Ross and McLaughlin(eds.), 같은 책, p.443.

33) Ross and McLaughlin(eds.), 같은 책, p.447.

34) Ross and McLaughlin(eds.), 같은 책, p.452.

35) D. D. McGrarry, *Medieval History and Civilization*(London, 1976), pp.381-382.

36) cf. *Encyclopaedia Britannica*(1970), vol. 6(Cursades).

십자군, 성전과 약탈의 역사

| 펴낸날 | 초판 1쇄 2006년 2월 28일 |
| | 초판 6쇄 2015년 7월 10일 |

지은이	진원숙
펴낸이	심만수
펴낸곳	(주)살림출판사
출판등록	1989년 11월 1일 제9-210호

주소	경기도 파주시 광인사길 30
전화	031-955-1350 팩스 031-624-1356
기획·편집	031-955-1365
홈페이지	http://www.sallimbooks.com
이메일	book@sallimbooks.com

| ISBN | 978-89-522-0485-1 04080 |

089 커피 이야기　　eBook

김성윤(조선일보 기자)

커피는 일상을 영위하는 데 꼭 필요한 현대인의 생필품이 되어 버렸다. 중독성 있는 향, 마실수록 감미로운 쓴맛, 각성효과, 마음의 평화까지 제공하는 커피. 이 책에서 저자는 커피의 발견에 얽힌 이야기를 통해 그 기원을 설명한다. 커피의 문화사뿐만 아니라 커피에 대한 일반적인 정보 및 오해에 대해서도 쉽고 재미있게 소개한다.

021 색채의 상징, 색채의 심리

박영수(테마역사문화연구원 원장)

색채의 상징을 과학적으로 설명한 책. 색채의 이면에 숨어 있는 과학적 원리를 깨우쳐 주고 색채가 인간의 심리에 어떤 작용을 하는지를 여러 가지 분야의 사례를 통해 설명한다. 저자는 색에는 나름대로의 독특한 상징이 숨어 있으며, 성격에 따라 선호하는 색채도 다르다고 말한다.

001 미국의 좌파와 우파　　eBook

이주영(건국대 사학과 명예교수)

진보와 보수 세력의 변천사를 통해 미국의 정치와 사회 그리고 문화가 어떻게 형성되고 변해왔는지를 추적한 책. 건국 초기의 자유방임주의가 경제위기의 상황에서 진보-좌파 세력의 득세로 이어진 과정, 민주당과 공화당의 대립과 갈등, '제2의 미국혁명'으로 일컬어지는 극우파의 성장 배경 등이 자연스럽게 서술된다.

002 미국의 정체성 10가지 코드로 미국을 말하다　　eBook

김형인(한국외대 연구교수)

개인주의, 자유의 예찬, 평등주의, 법치주의, 다문화주의, 청교도 정신, 개척 정신, 실용주의, 과학 · 기술에 대한 신뢰, 미래지향성과 직설적 표현 등 10가지 코드를 통해 미국인의 정체성과 신념을 추적한 책. 미국인의 가치관과 정신이 어떠한 과정을 통해서 형성되고 변천되어 왔는지를 보여 준다.

058 중국의 문화코드

강진석(한국외대 연구교수)

중국의 핵심적인 문화코드를 통해 중국인의 과거와 현재, 문명의 형성 배경과 다양한 문화 양상을 조명한 책. 이 책은 중국인의 대표적인 기질이 어떠한 역사적 맥락에서 형성되었는지 주목한다. 또한, 구체적이고 실제적인 여러 사물과 사례를 중심으로 중국인의 사유방식에 대해 설명해 주고 있다.

057 중국의 정체성　eBook

강준영(한국외대 중국어과 교수)

중국, 중국인을 우리는 과연 어떻게 이해해야 하나? 우리 겨레의 역사와 직·간접적으로 끊임없이 영향을 주고받은 중국, 그러면서도 아직까지 그들의 속내를 자신 있게 말할 수 없는, 한편으로는 신비스럽고, 한편으로는 종잡을 수 없는 중국인에 대한 정체성을 명쾌하게 정리한 책.

015 오리엔탈리즘의 역사　eBook

정진농(부산대 영문과 교수)

동양인에 대한 서양인의 오만한 사고와 의식에 준엄한 항의를 했던 에드워드 사이드의 오리엔탈리즘. 이 책은 에드워드 사이드의 이론 해설에 머무르지 않고 진정한 오리엔탈리즘의 출발점과 그 과정, 그리고 현재와 미래의 조망까지 아우른다. 또한 오리엔탈리즘이 사이드가 발굴해 낸 새로운 개념이 결코 아님을 역설한다.

186 일본의 정체성　eBook

김필동(세명대 일어일문학과 교수)

일본인의 의식세계와 오늘의 일본을 만든 정신과 문화 등을 소개한 책. 일본인을 지배하는 이데올로기는 무엇이고 어떤 특징을 가지는지, 일본을 주목해야 하는 이유는 무엇인지 등이 서술된다. 일본인 행동양식의 특징과 토착적인 사상, 일본사회의 문화적 전통의 실체에 대한 분석을 통해 일본의 정체성을 체계적으로 살펴보고 있다.

261 노블레스 오블리주 세상을 비추는 기부의 역사

예종석(한양대 경영학과 교수)

프랑스어로 '높은 사회적 신분에 상응하는 도덕적 의무'를 뜻하는 노블레스 오블리주. 고대 그리스부터 현대까지 이어지고 있는 노블레스 오블리주의 역사 및 미국과 우리나라의 기부 문화를 살펴보고, 새로운 시대정신으로 노블레스 오블리주를 부활시킬 수 있는 가능성을 모색해 본다.

396 치명적인 금융위기, 왜 유독 대한민국인가 eBook

오형규(한국경제신문 논설위원)

이 책은 전 세계적인 금융 리스크의 증가 현상을 살펴보는 동시에 유달리 위기에 취약한 대한민국 경제의 문제를 진단한다. 금융안정망 구축 방안과 같은 실용적인 경제정책에서부터 개개인이 기억해야 할 대비법까지 제시해 주는 이 책을 통해 현대사회의 뉴노멀이 되어 버린 금융위기에서 살아남는 방법을 확인해 보자.

400 불안사회 대한민국, 복지가 해답인가 eBook

신광영 (중앙대 사회학과 교수)

대한민국 사회의 미래를 위해서 복지는 선택이 아니라 필수라고 말하는 책. 이를 위해 경제 위기, 사회해체, 저출산 고령화, 공동체 붕괴 등 불안사회 대한민국이 안고 있는 수많은 리스크를 진단한다. 저자는 사회적 위험에 대응하기 위한 복지 제도야말로 국민모두의 삶의 질을 높일 수 있는 길이라는 것을 역설한다.

380 기후변화 이야기 eBook

이유진(녹색연합 기후에너지 정책위원)

이 책은 기후변화라는 위기의 시대를 살면서 우리가 알아야 할 기본지식을 소개한다. 저자는 기후변화와 관련된 핵심 쟁점들을 모두 정리하는 동시에 우리가 행동해야 할 실천적인 대안을 제시한다. 이를 통해 독자들은 기후변화 시대를 사는 우리가 무엇을 해야 할 것인지에 대하여 생각해 볼 수 있을 것이다.

사회 · 문화

(주)살림출판사
www.sallimbooks.com
주소 경기도 파주시 문발동 522-1 | 전화 031-955-1350 | 팩스 031-955-1355